JN074632

Domestic MBA Examination

飯野 一
著

国内MBA受験の

小論文対策

実践的合格答案作成編

中央経済社

プロローグ

現在，地球環境問題，貧困・飢餓の増加，ジェンダー間の不平等などが世界で社会問題化している。その解決のために，SDGs（Sustainable Development Goals: 持続可能な開発目標）が叫ばれ，日本でも取り組みがおこなわれている。これらの問題が引き起こされた原因はさまざま考えられるが，その１つに行き過ぎた資本主義があると筆者は考えている。

新自由主義による資本主義は，グローバルにおける経済的な発展をもたらした。資本主義が覇権を握るきっかけは，冷戦終結にある。冷戦とは，第二次世界大戦後の世界を二分した西側諸国のアメリカ合衆国を盟主とする資本主義・自由主義陣営と，東側諸国のソビエト連邦を盟主とする共産主義・社会主義陣営との対立構造のことである。双方のイデオロギーの違いによる対立が世界を二分していた。その対立が終わりを告げたのである。

冷戦終結のきっかけになったのは，1989年の東欧革命である。ポーランドで独立自主管理労働組合「連帯」革命を皮切りに，1989年11月には冷戦の象徴ともいうべき「ベルリンの壁」が崩壊した。このベルリンの壁の崩壊は，当時大学生であった筆者にとっても，衝撃的な出来事であった。新たな時代の幕開けの出来事として強く記憶に残っている。

冷戦終結によって，共産圏が解放され，中国の鎖国停止が起きた。そのため企業活動は以前ほど国境を意識せずに，旧共産圏でも中国でも自由におこなえるようになった。企業活動のグローバリゼーションの始まりであった。共産主義が滅び，アメリカ資本主義が勝ち，日本もアメリカ型資本主義の道を進まなければ，グローバリゼーションの波に乗り遅れてしまう。そんな意識が，行き過ぎた資本主義を招き，結果として生じたのが，最初に述べた地球環境問題，貧困・飢餓の増加，ジェンダー間の不平等などの問題である。

何か問題が起きると，人間は過去を反省し，新たな取り組みを開始する。過去の日本における大きな問題として筆者の頭に浮かぶのは，日本の高度経済成長期，つまり1950年代後半から1970年代に，公害により住民に大きな被害が発生した水俣病などの公害病である。水俣病は，熊本県水俣湾周辺の化学工場から海や河川に排出されたメチル水銀化合物により汚染された海産物を住民が長期にわたり日常的に食べたことで，中毒性中枢神経系疾患が集団発生した公害病である。これらの公害に関しては，「水質汚濁防止法」などの法整備がなされ，工場排水による汚染は大きく改善された。企業や人は，公害の恐ろしさから多くを学び，公害を克服した。そう考えると，現在の地球環境問題，貧困・飢餓の増加，ジェンダー間の不平等などの問題も日本が，そして世界が真剣に取り組むことによって必ず解決の道が見えるはずである。

過去の問題を振り返ると，問題を引き起こすのが企業や人であれば，問題を解決するのも企業や人である。会社という仕組みは資本主義社会の根底をなすものである。この会社の経営に関して，幅広く学ぶ機会を提供しているのがMBAである。社会を良くするのも悪くするのも会社の経営次第である。そうであるならば，会社の経営はできるだけ社会を良くするためにおこなうべきである。社会を良くする経営をおこなうためには，極端な言い方かもしれないが，会社の経営に関する学びが必要であり，その学びの場が「MBA」なのである。

会社の経営の仕方には，唯一の解があるわけではない。人それぞれ会社の経営の仕方は違ってくる。自分が大切にしている価値観や理念をもとに会社を作って，自分なりのスタイルで経営していけばいいのである。自分が経営する会社が，社会に存在する問題を解決したり，従業員に働く場を提供したりすることで，人々の生活を支える。それが会社の経営であり，社会貢献活動である。会社の経営は，単に利益が得られればいいわけではなく，高い「倫理観」を伴うのである。この倫理観を伴った経営こそがMBAで学ぶ経営である。そのため筆者は，すべてのビジネスマンにMBAで学んでいただきたいと考えている。

志の高い読者の皆さんが本書で学び，国内MBAに進学し，社会に存在する多くの問題解決に挑戦し，社会を良い方向に導く存在になることを願っている。

目　次

特別インタビュー①

早稲田大学ビジネススクールの

東出浩教教授に聞く

Happiness（幸せ）な生き方とは？

~1回しかない人生，どうせならハッピーに生きよう~

◆Happinessに必要なもの

飯野：東出先生の研究対象を見て，面白いテーマだと思ったものが2つあります。1つがHappiness（幸せ）の研究，もう1つがCreativity（創造性）の研究です。最初にこの2つの研究についてお話を伺いたいと思います。

まず，Happiness（幸せ）の研究はどんなことをされているのですか？

東出：実際のところ多くの人は何らかの形で働かなければ生きていけないじゃないですか。面白い仕事・面白くない仕事とかいろいろあるかもしれないけど，何らかの形で時間は使っていくわけです。そういう意味で職場における幸せとはどういうものなのか，どうすれば幸せになれるのか，幸せになるとどういう効果があるのか，ということをモデル化して突き詰めてみようと思ったのが2007年～2008年頃です。当時はビジネスの枠の中では論文もなかったので，社会学系のものから心理学系のものまで文献や資料を漁って，ここはビジネス分野にも応用できるというような研究の成果をまとめてモデルを作り上げたというのが経緯です。

では幸せになるためにはどういうことが必要か，大きく3つのブロックがあります。1つ目が，最低限のものがあること，例えば仕事があるとか，最低限の収入があるとか，物質的にある程度満たされているといったことです。

２つ目が，これはすごく大切なんですけど，本質的に個人という人間はコミュニティに属さなければ幸せになれない，一人ぼっちでは幸せになれないのです。したがって，どういったコミュニティに属するかがとても重要です。また，メンバー同士が厚い信頼関係で結ばれているコミュニティであったり，個人個人の違いがきちんと認められているコミュニティであればあるほど幸せ度合いが高くなることもわかっています。

３つ目が，時間を忘れるほど夢中になれる仕事ができたほうが幸せ度合いは高まるし，社会にとって意味や価値があると思われるような仕事に携わっている時間が長ければ長いほど幸せ度合いは高まるという点です。

では，幸せになると我々にはどういう良いことがあるのか。例えば利己主義ではなくて利他主義に近づいていけるとか，よりクリエイティブになれるとか，人の個性もより認められるようになることで，幸せになるための要素を増幅しつつ長生きしてクリエイティブに生きられるような状況に理想的にはなれると思います。

ということで，個人のハピネスというものをコアに，それと組織の在り方を切り結んでいくことがとても大切な時代になっているのではと思ったのが十数年前で，それ以来，そういった研究をしつつ，他の研究もしてきたという感じです。

◆Creativityの授業

飯野：次に，Creativity（創造性）に関してですが，こちらは研究ではなく授業についてお聞きします。どんな授業をされているのですか？

東出：「ビジネスのためのクリエイティブ・プロセスと倫理」という授業を十数年前からやっています。これは全然ビジネススクールらしくない授業で，半分くらいは絵を描いています。目的は，強制的に左脳をある程度麻痺させて，右脳を活性化させることです。ジャズやブルースなど即興の音楽の例でいうと，アドリブを弾いているときにフレーズが天から降ってくるという感覚は，まさにクリエイティビティと一緒で，左脳が麻痺して右脳が活性化している瞬間なんですよね。

なので，授業では，右脳を活性化させて左脳をある程度強制的に麻痺させる訓練をしつつ，左脳と右脳を切り結ぶ技術としてデザインをやっています，近年，デザイン思考が注目されていますが，実は十数年前から授業としてやっているんですね。

飯野：面白い授業ですね。

◆幸せ度合いと倫理観

東出：当然のことですけど，幸せ度合いの高い人のほうが利他主義になってきて，倫理観も高くなってくると思います。私がここ二十数年の間に出会ったたくさんの起業家の方々も，ちゃんと成功しながら年を重ねている人はすごく利他的になってくる人が多い。ということは，チャレンジして，時には失敗を経験しつつも，クリエイティブに仕事をして成功し続けている人は倫理観が高くなる可能性が非常に高いということです。そして，結果としてそういう倫理観の高い人が増えて，倫理観の高い人と一緒に働く人が増えて，そのうちの一部は今度は自身が起業家になって…という良い循環が出来るといいですよね。自分で起業しない人であっても，幸せな起業家がつくったコミュニティの中でより活躍していけばいいと思うんですね。

といったことを考えているので，私の頭の中では，クリエイティビティと起業とハピネスはけっこう繋がっているところがあると思っています。

◆日本のビジネスマンに欠けているもの

飯野：日本のビジネスマンには何が欠けていて，何が必要だと思いますか？

東出：必要なことは，無意味につるむのをやめる，つるんで偉ぶることをやめることだと思います。日本のビジネスマンはつるむとみんな一緒になって急に態度が大きくなったりするじゃないですか。そういうつるみ方をまずやめて，１人ひとりが自分のやりたいことを意識した上で，例えば５人なら５人のグループが集まるとすごいものが出来上がるみたいな，そういう良い意味でのつるみ方はしてほしいんですけど。

ここ２～３年，日本の企業は変わりつつあって，けっこう本気で新規事業や新規プロジェクトをつくれるようにならないといけないと思い始めています。ただ，実際にできるかどうかはまた別の問題です。日本の大企業をイメージすると，既存の内部資源を上手に使いつつ外部とも組んだり，外部の人材を受け入れられるようになれるのだろうかという気はしますよね。いまもオープンイノベーションやスタートアップ買収に取り組んでいるところもありますが，中に入ってしまうと息苦しくて，起業家的な資質の人はその中で生きていけるのかという部分もあるかと思います。

そういう意味で何が欠けているかというと，これは大企業だけでなく日本社会全体にもいえることだとは思いますが，本質的にもっといろいろな才能があって，その才能を活かせる可能性もあるのに，それができないようになっている。個人が悪いとはいいませんが，全体の作りが悪いという感じはしますね。とはいえ，個人にも，本当はできるはずなのに何でチャレンジしないように仕上げられてしまったのかといったことは感じ取ってもらいたいし，企業にも，今の人材活用の仕方が本当にベストなのかをもっと考えてもらいたいですね。

どんな企業でも，生まれた瞬間，ベンチャーの瞬間というのはあるじゃないですか。それはクリエイティブな人やアーティストっぽい人がつくるわけですが，組織が大きくなるに従って，オペレーションをきっちりこなす職人肌の人も必要になってくるし，仕組みをまわすための官僚的な人だって必要になってくる。でも，たいていの場合，組織が大きくなって成長していくと官僚的な人が幅をきかせて，他の人を黙らせてしまう。日本の大企業にもそういう人は多いですよね。官僚的な人もパーツとしては必要ではあるんですが，あまりにそういう人たちが組織を支配してしまうと，アーティストっぽい人なんかは息苦しくなってしまう。そういう意味では，アーティストっぽい人も職人っぽい人も活躍できる場づくりができてこないと，多くの企業が本当にダメになって消えていくのではないかなと思いますね。

◆日本の起業力を高めるために

飯野：受験の指導・相談をしていると，新卒入社３年未満で会社を辞めたいと言う人が多いんですね。実際，３割が３年以内に退職してしまうというデータもあります。そんな若者に何か伝えるべきことはありますか？

東出：ここ10年くらいのデータを時系列で見ているんですけど，日本の起業パワーはずっと世界最低です。なぜ最低なのかというと，みんなやってもできるような気がしていないんですよ。他の国の人たちは，国によってばらつきはあるものの，やってみれば何か形が出来ていくんじゃないの？　じゃあとりあえずやってみようという気持ちが残っているんですが，日本人でそんなことを思っている人はせいぜい10％くらいしかいない。やりたいという気持ちはけっこうみんな持っているものの，やってみても形になるような気がしない，自信がないから立ち上がれない。例えば，起業家がつくって株式上場を果たし，でもまだその起業家が一応トップに近い位置で全体の雰囲気はコントロールしているような会社であれば，そこに入社した若者はチャレンジさせてもらえる機会もあると思うので，そういうところには可能性を感じます。なので，一つの大切なコンセプトは，オーナー・マネージャーだと思うんですよ。オーナー権を持っていて経営をしていく，ちゃんとオーナーの気持ちをもって経営をしていく人がすごく大切で，そういう人をビジネススクールは作っていくべきだと思います。

◆これから求められる人材とは

飯野：これからどんな人材が日本の社会で必要とされるとお考えですか？

東出：自分で立ち上がろうという人がもっと増えるべきだと思います。日本を見回しても問題だらけじゃないですか。不満や問題をあげろと言われたら，１日に100個も200個もあがるくらい。とすると，そこに不満や問題がある限り，解決する機会はほぼ無限にあり，そういうことの解決に乗り出していく人たちが必要だと思うので，それを起業家と呼ぶのであれば，起業家っぽい人がどんどん出てくるべきだと思います。

でも，１人ではなかなか大きなことはできないので，その指にとまってくれる仲間がまず集まって，そこに従業員が入ってくることは必要です。その中で，官僚的にしっかりやることが得意な人とか，物事をきちんと細部まで詰めることができる職人的な人も必要になってくるので，そういう人たちが集まって同じ目標や問題解決のためのビジョンに向かって走っていけば一番いいと思うんです。そうすると，従業員の立場であっても，やっていることに意味を感じることができるじゃないですか。意味を感じることができれば，日々やっていることが自分事になってきてオーナー感覚も出てくるし，意味を感じられると思えば思うほど幸せ度合いも高くなってくるし，そういうサイクルをまわすべきだと思うんですよね。ただ，そこでコアとなるのは起業家っぽい人で，いまこんな状況だけどこんなところまでもっていきたいよねとビジョンを掲げて人を巻き込む人がどんどん増えていかないといけないと，とは思うんですよ。

◆主役は学生

飯野：東出ゼミの特徴は何ですか？

東出：個人が本当にやりたいことをなるべく実現するために，かなり高いレベルのプロになれるような知識と，卒業したときのセンシティビティが高まるように，そのためのヘルプを私がしているということです。主役は私ではなくて学生であることは間違いないので，内発的モチベーションを最大化してあげるわけです。その人が心の底からやりたいと思うことや知りたいと思うことを限られた時間の中でどうするか，ある程度科学的に突き詰める能力を身につける。

科学的に突き詰める能力がある程度身につくと，頭の中でモデル化して考えることができるようになる。因果構造はどうなっているんだろう，では原因は何か，結果は何か，ファクター分析みたいに考えるとどうなるか，これは実はいくつかのグループに分類できるのではないか，と思う人と思わない人とではすごく差が出るし，アーティスティックな才能と科学的な見方とを統合して活かせると最高だと思います。

あともう１つ，たぶんこれは日本の教育全体にものすごく欠けていることだと思うんですが，エンピリカルな感覚が薄いという点です。目の前のデータの意味は何なのか，目の前で起こっていることは何を意味するのか，という視点でデータを使っていく習慣がないし，データを因果関係と結び付けていく習慣もないので，そういうところはぜひ頭の中に思考のいくつかのパターンの棚をつくってもらいたいなと思います。頭の中でモデル化して考えられることは非常に強力な武器になります。

飯野：東出ゼミの卒業生は起業したり企業の経営層として活躍している人が多いですが，ゼミ生に共通点はありますか？

東出：活躍している人はけっこう多いですね。しかも，楽しそうな人が多い。たぶん１つは論文の達成体験だと思うんですよ。達成体験をすることで，やれば何とかなると思うじゃないですか。やってみるとけっこう何とかなるという気持ちを持てるか持てないか，やらされたのではなくて自分のやりたいことに近いところでやってみて，それがベストかどうかはわからないけど，きっちりそれなりのレベルで達成することがいいんじゃないかと思います。

これも幸せの理論に関係してくるんですけど，遠くのすごく難しそうな夢を見ることも大切なんですが，幸せになろうと思うなら，目先のちょっと背伸びすれば達成できそうなことを達成した瞬間に次の山さえ見えていればいいんですよ。次の山がないとそこで終わってしまうんですけど，ちょっと背伸びして頑張れば何とかなるかもしれないということにチャレンジして，たまには失敗するかもしれないけど，それなりに達成して，達成した瞬間に次はあの山に登ってみたいなとか，その次，いくつか山が見えているんだけど行ってみないとわからないみたいな感じでどんどん達成していく人のほうが幸せ度合いは高くなるんですよね。リサーチや論文もそういうところがあるじゃないですか。自分のデータでここまではわかったけど，こんなふうにやればよかったかとか，組み合わせたらもっとよかったのではないかとか思うじゃないですか。良い意味での達成感と良い意味でのフラストレーションが組み合わされることがやはり大切だと思います。

◆グループクリエイティビティ

飯野：日本企業の強みは何だと思いますか。

東出：強みは，グループクリエイティビティだと思っています。グループで何かを立ち上げていくときは日本の企業に強みはあるし，日本企業であるからこその強み，日本語を使う弱みもあれば強みもあります。日本的なあいまいな比喩とか音の感覚とか，雨の音とか雨の種類を表す言葉の数がこれだけ多いのは日本だけだとか，そういうものが活かされる時代になるべきだと大きい構図としては思っていたりするし，それは日本の企業でないとできないし，グループで何かを作り上げるというときには，たぶん日本の文化に慣れ親しんでいるほうが強くなるような気がしています。

個人だけで突き抜けていくときにはたぶん外国の企業のほうが強いと思いますが，集まったときの結果としての日本企業の強さというところには賭けられる部分がある気がしています。そこでは，俺が俺がというカリスマリーダーではなくて，人を幸せにしていくようなリーダー，周りからも支えられてそういうポジションにいる，会社だったらそういうイメージですし，グループでもリーダーとフォロワーでそういう関係が出来上がって，個人個人の潜在的な能力がもっと発揮される状況さえつくれれば，グループとしてのクリエイティビティは相当高くなれると思うし，日本語を使いながら生きてきた感覚を活かしたコンテンツとか，良い価値を届けられると思うんですよ。Google とかTwitter とかは仕組みはすごいんですけど，コンテンツはいまいちじゃないですか。外国人が作り上げるロジカルな仕組みはまだまだあるかもしれない。そのロジカルな仕組みの中に自然を活かしたロジカルでないコンテンツを届けられる可能性はあると思うんですよね。そういうクリエイティビティも発揮してほしいし，伸ばしていくべきかなと思います。

飯野：アメリカのそういった仕組みで儲ける会社に日本の会社は太刀打ちできますか。

東出：世界はある程度変えられるかもしれないですね。例えば，ラジオを作ったのは日本人ではないけどウォークマンをつくったのは日本人だみたいな話と一緒で，顧客に近いところでのイノベーションは日本の企業は起こしてきている。同じようなことが，作られた仕組みの中で発信していくコンテンツの内容であるとか，そういうところでは生きていく場が多いような気がするんですよね。それは一つの例なんですけど，チームとしてのクリエイティビティの出し方はけっこう世界で最高レベルで，クリエイティブの出し方の素材として日本語が少し味付けで入っていることによって，他の人から見るととても感性として追いつけないようなもの，また，日本というコンテクストを考えたときに，自然を活かす感覚が強いので，なるべく素材を活かしたいという気持ちが強いところがあると思うんですよ。特に，自然に近づきながらビジネスの仕組みとどう切り結んでいくかということがクリエイティビティの中でもすごく大切な部分になってくると思うので，いわゆるネイチャーとクリエイティビティとビジネスというものをコンテンツを通じて紡ぎ合っていけるようなグループクリエイティビティができるのではないかなという気がするんですよね。

◆トランスフォーメーショナルエクスペリエンス

飯野：こういった人はMBAに行くべきだと考える人材像はありますか？

東出：自分で何かを作り上げてみたいと思っている人ですね。それはもしかするとリーダーっぽい役かもしれないし，フォロワーっぽい役かもしれない。必ずしも「ゼロイチ」でなくてもよくて，組み合わせてこういう新しいコンテンツが出来ましたということでもいいと思います。そういうコピペではない人生，パクらないように自分の人生をシフトさせたい人には来てほしいし，トランスフォーメーショナルエクスペリエンスでトランスフォームしてほしい気はします。トランスフォームするという内容は，先ほど申し上げたような，普通の中間にならない，平均値ではない人になっていってほしい，と日本のMBAに関してはとりわけ思っています。

飯野：東出先生はそういう教育を通じて，世の中を変えてハッピーに生きていく人材を育てたいってことですよね。

東出：そうですね。育ってほしいですね。

飯野：本日はありがとうございました。

東出：こちらこそありがとうございました。

□Profile

東出浩教（ひがしで・ひろのり）

慶應義塾大学経済学部卒業。鹿島建設株式会社入社後，ロンドン大学インペリアルカレッジ修士課程修了（MBA），同大学大学院博士課程修了，日本初となるベンチャー研究における博士号（Ph. D）を取得。早稲田大学大学院ビジネススクール教授。早稲田大学出身のベンチャー企業経営者の会であるベンチャー稲門会発起人。早稲田大学アントレプレヌール研究会代表理事。早稲田大学 人間性中心の経営学研究所所長。早稲田大学関連のベンチャーキャピタルであるウエルインベストメント株式会社取締役。日本ベンチャー学会副会長も歴任。慶應義塾大学，九州大学ほか多数の大学で客員教員，経済産業省，文部科学省，内閣府，東京商工会議所等において各種公的委員会委員多数を歴任。専門領域は，起業，ベンチャーキャピタル，クリエイティブ・プロセス，ビジネス倫理と哲学など。編著書に『ガゼル企業成長の法則―ビジョナリー採用と育成―』（2018年，中央経済社）等があるほか，起業研究における論文・著書多数。

第1章

今後，日本社会でも国内 MBA が評価されるようになる

本書の最初に，「今後，日本社会でも国内 MBA が評価されるようになる」と筆者が考える理由について説明する。筆者は，国内 MBA 受験本の著者であり，国内 MBA 予備校の講師である。そのため，国内 MBA が企業で評価されるようになって国内 MBA に対する人気が高まれば，それだけ筆者は得をする。筆者が得をするから，国内 MBA に関して，良いことを述べた情報をどんどん広げようというモチベーションが働く。そう考えて，筆者の主張に対して懐疑的になる方もいるはずである。

しかし，筆者が「今後，日本社会でも国内 MBA が評価されるようになる」と主張するのは，自分が得するからではない。自己利益追求をしたいがためにこのような主張をしているわけではない。

本当に，国内 MBA での学びやそこで得たスキルが評価される時代が，日本においても来ると予想できる根拠があるのである。これまでの時代は，MBA を取得しても評価されるのは外資系企業ばかりで，日本の大企業で評価されることはなかった。しかし，今後はこの状況は変わっていくと筆者は考えている。日本企業も MBA を評価する姿勢を持たなければ，グローバル競争に勝ち残ることはできないと筆者は考えている。

以下に，今後，日本社会でも国内 MBA が評価される時代が来ると筆者が予

想する根拠を丁寧に説明していく。以下をお読みいただければ，筆者の主張に対して読者の皆さんも納得していただけると思われる。

1 日本企業の経営が評価されない理由

日本経済の黄金期（1980年代の安定成長期から1990年代初頭のバブル景気）を象徴的に表す言葉として，「ジャパン・アズ・ナンバーワン（Japan as Number One）」がある。この時代は，米国企業の生産性は伸び悩み，日本企業の躍進が著しかった。日本的経営が世界を席巻した時代であった。

しかし現在では，栄華を誇った日本企業の黄金期を知る者も多くはない。日本経済の黄金期からすでに30年が経過した現在において，日本の国際競争力の低下は目に余るものがあり，「失われた30年」といわれる状況である。日本の経営がすべてダメだといわんばかりの悲観論や自虐が蔓延しているのが現在の日本ではないだろうか。

このように筆者が感じる理由は，国内 MBA 受験指導を通して出会う多くの受講生からもたらされる情報にある。筆者が指導している国内 MBA を目指す受講生の多くは，日本の伝統的な大企業に所属しているサラリーマンの方であるが，その方々が口を揃えて言うことが，「わが社に未来はない。このままでは先細りではないか」，「年功型のピラミッド構造の中で，自由に意見を言うことができない」，「会社では，仕事よりも社内政治に力を入れる人が多い。こんな会社に勤務し続けることに疑問を感じている」といったことである。こんな状況下に置かれているために，現状に危機感を持っており，会社の改革をしたい，転職をしたい，起業したい，といったことを目指している方が多い。そのために，企業経営全般に関して学ぶことができる MBA を志望するということである。

上記のとおり，多くの受講生から日本企業に対する悲観的なことを日々聞いているので，筆者も日本企業の経営はダメなのだろうと感じている。「日本企業の経営は遅れている」とか，「日本企業はグローバル競争には勝てない」といわれているが，日本企業の経営のすべてが悪で，良い点が何もないかというとそんなことはないのではないかと思っている。では，何が良くて，何が悪いのか。筆者は，国内MBA受験の指導をしている立場上，日本企業の何が良くて，何が悪いのか，という点を明確にして，それを講義などで発信したいと考えていた。そんな中で，慶應義塾大学商学部専任講師の岩尾俊兵先生の著書である『日本“式”経営の逆襲』（日本経済新聞出版）を読んで，その答えの1つが見つかった。以下，岩尾（2021）をもとに説明する。

日本企業の経営に対する悲観論が多くみられる原因として，日本企業の経営を評価する際に，本来ならば分けて考える必要があるものが，分けて考えられることなく，すべてを一緒くたにまとめてしまっているということがある。分けて考える必要がある点というのは，「経営成績」「経営学」「経営技術」の3つである。この3つは，それぞれ分けて，それぞれの良し悪しを評価すべきなのだが，3つを個々に考えることなく，まとめて考えてしまっているのが，現状の日本企業の経営に対する評価の実態である。そのために，日本企業の経営は良くないという悲観論が蔓延するのである。では，この3つはどのような概念なのだろうか。

まず，経営成績であるが，これはビジネスに対する一時点での金銭評価であり，時価総額や売上高や純利益額によって表現されるものである。この経営成績を株価という視点から見れば，バブル崩壊以降続く経済低迷期において，日本企業はアメリカ企業に対して「ボロ負け」を続けてきた。そういう意味において，経営成績では，日本企業の経営はアメリカと比較すると悪いといえる。

次に，経営学であるが，これは「なぜ○○という企業の成績は，他社よりも優れているのか」や，そこから派生するさまざまな疑問（「なぜ一部の会社のみイノベーションを連続して引き起こせるのか」，「なぜ○○社の社員はモチベーションが高いのか」等々）に科学的に答えるものである。この経営学の世界も現在はアメリカが覇権を握っている状況である。経営学のアメリカ化を進めたイギリス，香港，シンガポール，中国などがアメリカに追随していて，日本はアメリカ経営学という視点からは「遅れている」ということになる。この点は，書店に行って経営学系の本棚を見れば一目瞭然である。アメリカ発のコンセプトを扱ったビジネス書が平積みされている。アメリカ的な経営学は一種のブームになっているといえる。アメリカ的な経営学はブームの渦中にあり，日本的な経営は過去のもの，という認識が一般的になり，「日本の経営学は遅れている」，「日本企業の経営は遅れている」という声があちこちで聞かれるようになったのである。

そうすると，日本企業は経営成績も悪いし，経営学でも遅れている，だから日本の経営はダメなんだ，すべてアメリカから学ぶんだ，という結論に飛びつきやすくなるわけである。たしかに，経営成績，経営学という点では，アメリカに遅れをとっているのが現実であるが，３つ目の経営技術に関してはどうだろうか。

経営技術という概念は，岩尾（2021）において定義されたものである。経営技術とは，経営に関する手法そのものと，その手法自体を生み出すための実践的な思考のフレームワークのことである。要するに，経営手法とその手法を生み出す知の体系，知的技術体系ということである。上手に経営をおこなうための技術知識と表現することもできる。この経営技術は，日本企業において優れているものがあり，世界的な経営者たち（例えば，アマゾンの創業者のジェフ・ベゾス）も，日本の経営技術に注目していると岩尾（2021）は指摘している。

以上の話をまとめると，日本企業の経営が遅れているといわれる原因は，日本企業の経営成績が悪く，経営学的にも日本はアメリカに遅れをとっているからであり，経営技術という点では，日本企業は優れている面が多くある，ということである。よって，日本企業の経営がすべてダメというわけではないのである。次項では，日本企業が優れているといわれる経営技術に関して詳しく説明する。この説明を通して，日本企業の経営の良い点を理解していただきたい。

2 経営技術は優れている日本企業

日本は経営学において遅れていて，日本企業は経営成績が悪い。しかし，経営技術は優れている。日本企業の優れた経営技術として，岩尾（2021）で説明されている「系列取引」を取り上げ，具体的に説明する。これによって，日本企業の経営技術は優れていて，世界で注目されているという点を理解していただきたい。

では，日本企業に特有の経営技術である「系列取引」について説明する。日本の製造業では，資本力や技術力を持つアセンブラー（完成品メーカー）が主導する形で企業間取引がおこなわれてきた。アセンブラーがサプライヤーを資金的・技術的に支援しながら一緒になって生産性の向上を目指す仕組みは系列取引と呼ばれ，日本の製造業の強みとして評価されてきた。この系列取引は，日本の自動車産業において顕著であった。例えば，トヨタであれば協豊会，日産であれば日翔会，マツダであれば洋光会といった形で，部品のサプライヤーが加盟する業界団体がある。部品メーカーと完成車メーカーには，資本関係の有無に関係なく，長期的な取引と信頼関係を通じて，「ウチは○○（完成車メーカー名）系ですから」という意識が根付くことになる。こうした部品の取引関係にある企業同士の緩やかな連合関係を「系列」という。系列は海外においても，「ケイレツ（keiretsu）」という日本語のままで通じることが多い。

系列に参加している企業は，１つひとつ独立した企業であるが，同時に，まるで１つの巨大企業のように振る舞う。系列に属している企業においては，別の企業であり，ライバル企業であっても，部品の設計を公開したり，設計をお互いに任せたり，生産設備を見せ合ったり，材料を融通し合ったりといったことがおこなわれている。これらは，ライバル関係にある企業同士であれば，一般的には考えられないことである。例えば，トヨタに部品を供給する部品メーカーであるＡ社とＢ社があるとする。この場合，Ａ社とＢ社は，ライバル企業同士であるため，部品の設計を公開し合ったりすることは通常考えられない。しかし，Ａ社とＢ社は，こういった情報を公開し合うのである。これが日本の製造業特有の系列取引であり，日本の製造業（特に自動車業界）においてはうまく機能しているのである。

以上のように，ライバル企業同士が協力し合う系列取引という概念は，日本発の経営技術である。この系列取引をベースにした経営学の考え方を，アメリカの経営学者が理論化したものが「リレーショナル・ビュー」である。リレーショナルというのは，組織間の関係性を表す単語である。企業の競争優位を説明するためには，１つの企業にだけ注目していてはダメで，サプライヤーシステム全体である組織間の関係性に着目する必要があるということを説明する理論である。

リレーショナル・ビューが登場する前の競争戦略論においては，企業の優位性の源泉は，その企業自体に由来すると考えられてきた。それが「リソース・ベースト・ビュー」である。企業が保有する資源に注目し，その保有する資源の稀少性が高く，模倣困難性が高ければ，その資源を保有する企業が優位性を築くという考え方である。要するに，１つの企業にだけ着目した理論なのである。それが，日本発の経営技術である系列取引をもとに考えると，１つの企業だけに着目するのでは不十分で，競争優位の源泉を説明するためには，サプライヤーを含めたバリューチェーン内の複数の企業間の関係性に着目する必要があることが判明したのである。このリレーショナル・ビューの考えを発展させた理論が「ソーシャル・キャピタル論」である。ここではソーシャル・キャピタル論に関しては説明しないが，アメリカ発の経営理論であるリレーショナル・ビューも，ソーシャル・キャピタル論も，原点には日本の製造業でおこなわれてきた経営技術である系列取引がある。そういう意味で，日本の経営技術は優れているものであり，決してアメリカや諸外国に遅れをとっているわけではないのである。

日本企業の経営技術が優れていることを理解していただけたので，次項では，日本企業が苦手とする「コンセプト化」という点について説明する。

3　コンセプト化が苦手な日本企業

日本企業の経営技術は優れているが，経営成績は悪く，日本の経営学は遅れている。経営技術が優れているのに，どうして経営成績が悪いのか，どうして日本の経営学は遅れているのだろうか。それは，日本企業は「コンセプト化」という点を苦手としているからである。ここでは，日本企業が苦手とする「コンセプト化」について，岩尾（2021）をもとに説明する。

コンセプト化について理解していただくにあたっての前提知識として，「文脈依存度」という概念を説明する。文脈依存度とは，ある知識が，特定のヒトやチームや企業や産業や国などの事情・文脈に依存しないと伝わらない程度のことである。例えば，日本語の「すみません」という言葉は，文脈によって謝罪・感謝・挨拶などの意味に変化するが，これは文脈依存度が高い典型例である。すみませんと言われた場合，日本人同士なら互いに事情を理解しているので，その意味が謝罪なのか，感謝なのか，挨拶なのかはわかり合うことができる。日本人同士で会話をしていて，相手が「すみません」といった場合に，「それは謝罪ですか？　それとも挨拶ですか？」と質問するようなことはないだろう。同じ文脈を共有している場合には，このような説明がなくても，お互いに理解し合えるのである。しかし，会話の相手が外国人だったらどうだろうか。「すみません」と言った場合に，その意味が謝罪なのか，感謝なのか，挨拶なのかはなかなか伝わらないのではないだろうか。外国人は，同じ文脈を共有できていないので，伝わりにくいのである。

以上のように，個人や組織や国などの特定の文脈に依存すればするほど，その知は個人やせいぜいチーム内でしか使えない工夫やライフハック的なものになる。先の「すみません」という言葉は，国という文脈に依存しているので，日本人同士なら自由に使い理解し合えるが，外国人相手では使えなくなってしまうのである。

逆に，文脈依存度が低くなればなるほど（文脈独立度が高まれば高まるほど），一般論や普遍的な理論を目指す学問に近づく。その中間で，一個人や一チームを超えて活用できるほどには文脈独立的だが，企業内や産業内・業界内・地域内の文脈に強く依存するようなタイプの知識もあるだろう。先の系列取引がこれに該当する。業界用語や慣行，企業名を冠した○○方式（トヨタ方式など）といったものがそうした知識の例である。これを図示すると，以下のようになる。

経営技術と文脈依存度・抽象度の関係

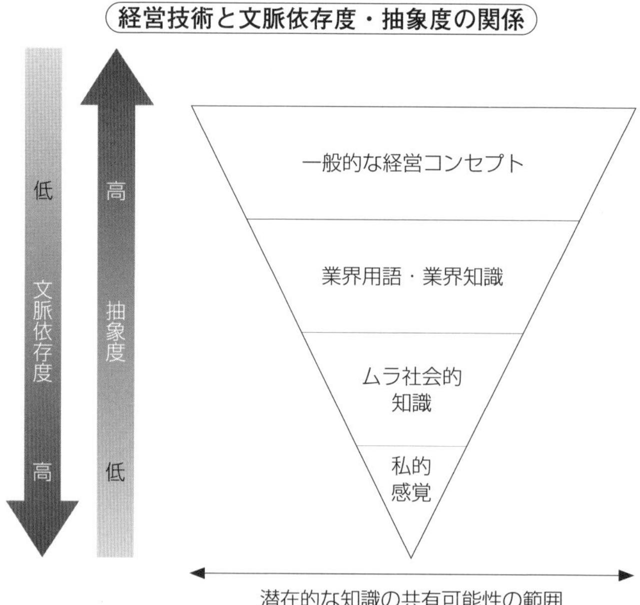

（出所） 岩尾俊兵（2021）『日本"式"経営の逆襲』日本経済新聞出版

最も文脈依存度が高く，抽象度が低いのは，自分にしかわからない知識，いわば私的感覚である。そこから抽象度を高めていくと，「誰でも理解できる」経営コンセプトにいたる。先の系列取引では，リレーショナル・ビューというのが抽象度が高い経営コンセプトの事例である。抽象度が高まって，文脈依存度が低くなるごとに，潜在的な共有可能性は広がる。つまり理解者が増えていく。上図は，この広がりを逆三角形で表現している。

岩尾（2021）が定義している経営技術は，文脈依存度が中程度以下のものである。そして，アメリカが得意なのは，中程度の文脈依存度だった日本の経営技術を，文脈依存度の低い（文脈独立度の高い）コンセプトへとまとめ上げることなのである。先の系列取引という文脈依存度が中程度以下の経営技術を，リレーショナル・ビューという文脈依存度の低い（文脈独立度の高い）コンセプトへとまとめ上げたのもアメリカの教授である。

では，文脈依存度の高低を決定する要因は何だろうか。それは具体的な現象から普遍的な論理だけを抜き出し，モデル化・抽象化できたかどうかによる。先の系列取引の事例では，トヨタ系列，日産系列，マツダ系列などさまざまな系列取引をしている企業集団を分析して，共通した要因である「異なる企業にもかかわらず，あたかも同じ企業であるかのように振る舞う企業間の関係性」という点を見出して，それをリレーショナル・ビューという文脈依存度の低いコンセプトへと昇華させたのである。経営における個別具体的な事例の共通点を探りながら，抽象的な論理モデルを構築することで，経営技術の文脈依存度を低下させ，世界で通用する理論となるのである。

日本企業は，この経営における個別具体的な事例の共通点を探りながら，抽象的な論理モデルを構築することが苦手なのである。そのために，日本の経営学は遅れているといわれるのである。そして，この点に皆さんが国内MBAで学ぶ意義があると筆者は考えている。国内MBAでの修士論文はアカデミックな論文を書く必要があるが，この作成目的が，ここで説明してきた文脈依存度が高い経営技術をもとに，文脈依存度の低い論理モデルを構築することなのである。そのため，国内MBAでの学びによって，日本企業が苦手とする論理モデル構築スキルが身につくのである。この点が，筆者がさまざまな場で，「国内MBAではケーススタディよりも修士論文に力を入れるべき」と主張してきた理由なのである。

以上，日本企業は経営技術は優れているが，それを抽象度が高い論理モデル化することが苦手だということを説明してきた。理解していただけたであろうか。次項では，なぜ日本企業が論理モデル構築というコンセプト化が苦手なのか，その理由は何かを探っていくことにする。

4 日本企業がコンセプト化を苦手とする理由

日本企業が論理モデル構築というコンセプト化が苦手な理由は，日本的経営にみられる濃密な人間関係に基づいたチームワーク重視の経営をおこなってきたためである。終身雇用・年功序列に基づいて運営される日本的経営においては，濃密な人間的相互作用がおこなわれるために，その会社でしか通用しない文脈に依存した議論，いわゆる阿吽の呼吸や根回しによって協働することが可能であった。さらに，日本は単一民族であり多様性を考慮する必要がなかったため，言葉で十分な説明をしなくても，阿吽の呼吸で通じ合うことができたのである。抽象化された論理モデルを用いなくとも，文脈依存型の議論だけで十分であったのである。そのために，日本企業においては，わざわざ論理モデルの構築やコンセプト化をする必要もなく，このような組織能力を高めるという意識がなかったのである。これが日本企業が論理モデル構築というコンセプト化が苦手な理由である。

これに対して，アメリカ企業やアメリカ社会は，移民によって成り立っている。そこには多様な文化的・社会的・言語的背景を持った人々が集まっており，その中でなんとか協働を実現しなければならなかった。そのため，すべての人間に共通する「理性」「論理力」に依存したコミュニケーションがおこなわれることが多かったと考えられる。文脈に依存できないために，代わりに論理モデルに依存したというわけである。

日本企業も現在はグローバル化しており，外国人と協働しなければ企業が成り立たなくなっている。グローバル化が進む現在こそ，日本企業も文脈にだけ依存するのではなく，論理モデル構築，コンセプト化に力を入れる必要がある。そのスキルを身につける場が，先にも説明したが，国内 MBA なのである。よって，グローバル化がどんどん進行する日本においても，今後は MBA の評価はどんどん高まり，MBA に進学する価値は大きくなるといえるのである。

5 MBAを取得した人が外資系コンサルティング会社に就職する理由

日本企業ではMBAが評価されないので，国内MBAに進学しても意味がないのではないか，という質問をよくされる。たしかに2021年現在において日本企業では，MBAを取得したからといって，転職で有利になったり，昇進の際に有利になったりすることはない。そのため，国内MBAでは，退職して進学する全日制のフルタイムMBAへの進学はリスクがあると考えられており，会社を辞めずに働きながら通学できる平日夜間と土日だけの通学で修了できるパートタイムMBAが人気となっている。

このようにMBAが日本で評価されない理由を改めて考えてみると，前項で述べてきたことが当てはまる。日本企業においては，論理モデルの構築やコンセプト化をする必要もなく，このような組織能力を高めるという意識がなかったという点である。MBAで学ぶのは，経営技術を抽象化した論理モデルであり，経営のコンセプトである。これらに関する学びの必要性を日本企業は認識していないのである。そのためにMBAが日本企業においては評価されないのである。

日本でもMBAを修了した人の多くが，コンサルティング・ファームに就職するが，これはコンサルティング・ファームというのは経営のコンセプトを売り込む会社だからである。そのため，論理モデルの構築やコンセプト化をするスキルを持った人材を採用する。それがMBAホルダーであるために，MBAを修了した人の多くが，コンサルティング・ファームに就職するわけである。実際，筆者が国内MBA受験指導をしていても，コンサルティング・ファームを希望する方は非常に多い。

経営技術をコンセプト化して売り出すコンサルティング・ファームは，現在において世界中で必要とされている。そのためコンサルティング業界は成長業界であり，給与なども事業会社よりも高くなっているために，MBA修了後のキャリアとして人気になっている。

コンサルティング業界が成長業界であるという点を確認するために，岩尾（2021）に掲載されているコンサルティング・ファームの売上を見てみよう。2021年現在で手に入る最新のデータでは，マッキンゼー・アンド・カンパニーが約１兆円，ボストン・コンサルティング・グループ（BCG）が約8,500億円，ブーズ・アレン・ハミルトンが約6,700億円，ベイン・アンド・カンパニーが約4,500億円，A・T・カーニーが約1,300億円となっている。これらは比較的コンセプト化に特化している「戦略系」のコンサルティング・ファームである。原価がほとんど人件費という特殊な業界であるにもかかわらず，これらの企業では１人当たりの売上が4,000万円から6,000万円以上となる。外資系コンサルティング・ファームが高年収である理由がここにある。

さらに，コンセプト化の後のパッケージ化やシステム化にも強い企業の売上は文字どおり桁違いになる。アクセンチュアで４兆円以上，日本においては比較的知名度が低いコグニザント・テクノロジー・ソリューションズでさえ約１兆7,000億円である。しかも，コンサルティング業界の売上高成長率は過去10年ほどの間，平均して５％である。コンセプト化というのがそれ自体で大きな産業であるとともに，成長性も（日本の大企業と比べると）比較的高い分野であるといえるのである。そのために，MBA 修了者が，こぞって外資系コンサルティング・ファームを目指すのである。

MBA 修了者という優秀な人材を外資系コンサルティング・ファームに奪われないためにも，日本の大企業においても，これからの時代は，論理モデルの構築やコンセプト化をする必要性を強く認識し，このような組織能力を高めるために，MBA 修了者を積極採用する必要があると筆者は考えているし，近い将来，そういう時代が来ると感じている。近い将来において，MBA 修了者という肩書が，日本の大企業や中小企業でも評価される時代が来るのである。

6 グローバル企業では必須のコンセプト化スキル

日本の大企業においても，論理モデルの構築やコンセプト化をする必要性を強く認識する必要があると述べたが，その理由はグローバル企業においては，このスキルが必須となるからである。この点に関しても，岩尾（2021）で以下のように説明されている。

グローバル経営のもとでは，世界中の拠点から，現場の文脈に根差した経営技術が生み出される。そして，その生み出された経営技術の中には，潜在的には他国の拠点でも活用できるものが含まれる。例えば，生産や開発など，同じ経営機能を持つ拠点が各国に点在する場合は，特定の経営機能に関するＡ国でのノウハウ・経営技術の多くは別のＢ国でもそのまま使える可能性がある。さらに，開発はＣ国で生産はＤ国というように，別々の経営機能が別々の国の拠点で担われている場合も，広く経営一般に活用されるノウハウ・経営技術であれば，世界中で共有できるものもある。

このようにグローバル経営をおこなっている企業では，ある国で生み出されたノウハウ・経営技術を他の国で活用することができるのである。しかし，ある国のノウハウ・経営技術を別の国で活用するには，文脈依存度が高いままでは，国境を越えることはできない。日本語のままではもちろん伝わらないし，たとえ機械的に文章を逐次翻訳したとしても，特定の文脈に依存した知識のままでは意味不明なものになるだけである。ある国の中の，ある企業の中の，ある職場の中の常識に根差している知識は，一度抽象度を高めて論理モデルに落とし込まないと，誰でも理解できるものとはならないのである。

そのため，グローバル企業が，企業内の各拠点の経営技術を，国境を越えて移転させたい場合には，コンセプト化の力が必須となる。世界中のベストプラクティスを他の拠点に移転させる場合も，本国の経営理念を世界中の拠点に浸透させる場合も，抽象化・論理モデル化の力が必要となるのである。

以上からわかるとおり，日本企業が濃密な人間的な相互作用による阿吽の呼吸をベースにした文脈依存型の経営だけをおこなっていては，グローバル化はうまくいかないのである。グローバル化を成功させるためには，文脈依存した経営技術の抽象度を高めて論理モデルに落とし込んで，どこの国の誰もが理解できるようにしなければならないのである。そして，企業内において，文脈依存した経営技術の抽象度を高めて論理モデルに落とし込む役割を担うのが国内MBAを修了した皆さんなのである。これができる人材は，経営技術を論理モデル化する訓練を受けたMBAホルダーなのである。

7 コンセプトから理論へ，そして学問へ

本章の最後に，MBAで学ぶ経営理論，そして学問としての経営学とはどのようなものなのかについて説明する。これによって，読者の皆さんは，国内MBAで学ぶ意義を明確にすることができる。そして，国内MBA受験の際に課されている志望理由書や研究計画書の作成のヒントが得られるはずである。ここでも岩尾（2021）をもとに説明する。

ここまで説明してきたことを整理すると，経営技術は，抽象化され，論理モデル化されることでコンセプトとなるということであった。そして，経営技術は，コンセプトに変化する段階において，職場や企業の文脈に深く根差した知識から，より一般的に利用できる知識へと昇華される。このとき，知識は，一般化されることによって，人間の集団の中での議論や考察の対象となりやすくなり，さらなる知識の蓄積も進みやすい。

このように，知識が抽象化・論理モデル化されるということは，裏返せば，反論されたり批判されたりする可能性が増しているともいえる。そして，この先にあるのは科学である。なぜならば，科学とは，反証可能性のある命題・言明を積み重ねていって，その命題・言明をデータで検証していくプロセスだからである。科学と非科学を区別するのは，反証できるかどうかなのである（Popper, 1959）。

こうして，実際にさまざまな反論や批判，再反論や擁護などが蓄積されていくと，コンセプトはやがて科学的な理論となる。科学というのは，その理論が説明できない現象が発生した，あるいは理論とは異なる結果となった場合には，その理論が誤りであったことが証明できるものである。理論を反証できることができるのが科学なのである（須田，2019）。

あるコンセプトを中心に，関連するさまざまなコンセプトは積み重ねられ，それを検証するデータも揃いはじめ，1つの確かな知識の体系になる。さらに，そうした積み重ねられた理論の量と質が相当以上であれば，その理論はもはや新たな学問分野・学問領域と呼ばれるようになるのである。

これから国内MBAに進学しようとしている皆さんは，入学後に，上記で述べた理論，すなわち経営理論を学ぶのである。そして，修士論文においては，既存の経営理論が，本当に自社や自部門で成り立つのか，実際に自分でデータを取得して検証するのである。検証した結果，仮説が支持され自社でも既存の経営理論は成り立つという結果になるかもしれないし，逆に，仮説が棄却され自社では既存の経営理論は成り立たないという結果になるかもしれない。成り立つ場合は，その仮説が自社のコンセプトとなり，自社でグローバル化などの際に用いることができる。成り立たない場合は，既存の経営理論は自社には当てはまらないということになるので，既存の経営理論は自社では使えないことがわかったということになる。その場合は，別の切り口からのコンセプト化を模索することになる。

以上のとおり，現場という文脈に依存した経営技術を，データ取得・検証という作業を通して，論理モデル化するのである。これが国内MBAで学ぶ意義である。繰り返しになるが，グローバル化が進む現在においては，日本企業もこのモデル化するスキルを組織能力として保有しなければ，グローバル競争には勝てない。この組織能力を持つための人材育成の場が，国内MBAなのである。そのため，今後は日本においても，MBAホルダーの必要性が大いに高まっていくことになると筆者は予想している。

本章の執筆にあたって参考にした慶應義塾大学商学部専任講師の岩尾俊兵先生の本は，これから国内MBAを目指す皆さんには，進学前にぜひお読みいただきたいので紹介しておく。

岩尾俊兵（2021）『日本“式”経営の逆襲』日本経済新聞出版

また，本章をお読みいただき，国内MBAで学ぶ経営理論というのはどういうものなのか，経営理論を生み出す研究方法論とはどういうものなのか，という点に興味を持った方もいると思われる。その方は，以下の早稲田大学大学院経営管理研究科の入山章栄教授，青山学院大学大学院国際マネジメント研究科の須田敏子教授の本をお読みいただきたい。経営理論に関しては入山教授の著書を，研究方法論に関しては須田教授の著書をお読みいただきたい。

入山章栄（2019）『世界標準の経営理論』ダイヤモンド社
須田敏子（2019）『マネジメント研究への招待―研究方法の種類と選択―』中央経済社

上記の3人の経営学者は，日本的な経営の良さを世界に向けて発信できるすばらしい経営学者である。ぜひ，上記の3冊をお読みいただき，本格的な経営学，経営理論，マネジメント研究の世界に触れていただきたい。

第2章

国内MBA入試の課題文型小論文とは

課題文型小論文とは，新聞やビジネス誌，書籍の一部の抜粋による文章が提示され，その文章を読んだ上で設問に解答する形式の問題である。具体的にどんな問題が出題されるのかは，本書の第3章以降の問題を見ていただきたい。第3章では，課題文型小論文を取り上げるが，第4章では，複数の図をもとにして自分なりの論理構築をするタイプの問題を取り上げる。第4章の図をもとに論理構築するタイプの問題は，厳密には課題文型の問題ではないが，課題文型と類似のカテゴリーの問題であるので，本書では課題文型小論文として取り扱うことにする。ということで，本書では，図を用いた論理構築型の問題を含めた課題文型小論文に関する対策を行うことを目的としている。

1 課題文型小論文が出題される大学院

課題文型小論文が出題される国内MBAはどこの大学院なのかについて説明する。筆者が調べた限りでは，以下の8つの大学院で課題文型の小論文が出題されている。

- 関西学院大学大学院経営戦略研究科

- 慶應義塾大学大学院経営管理研究科（MBA，EMBA）
- 神戸大学大学院経営学研究科
- 筑波大学大学院ビジネス科学研究群
- 一橋大学大学院経営管理研究科（経営管理プログラム，経営分析プログラム）
- 兵庫県立大学大学院社会科学研究科
- 法政大学大学院イノベーション・マネジメント研究科
- 早稲田大学大学院経営管理研究科

2 課題文型小論文の出題内容と大学院別の傾向

では，課題文型小論文の問題について説明する。課題文型小論文として出題される問題には，大きく分けて２つのタイプの問題がある。

１つは，問題文を読めば解答ができるものである。要するに，事前の知識等は不要で，問題文を読めば解答できるタイプの問題である。例えば，「本文の内容を要約しなさい」，「～～に関して，本文の内容に沿ってまとめなさい」という問題が該当する。「要約する」「まとめる」というタイプの問題は，知識がなくても問題文の内容が理解できていれば解答できる問題である。

もう１つは，問題文には解答は書かれておらず，事前の知識が必要な問題である。例えば，「問題文を読んだ上で，日本のコーポレートガバナンスにおける問題点について，あなたの考えを述べなさい」というタイプの問題である。「あなたの考えを述べなさい」という指示があるので，あくまでも自分の考えを答えなければならない。このタイプの問題に解答するには，事前に知識が必要となるので，受験対策としてインプット型の勉強が必要になる。

次は，問題文の課題文の長さに関して説明する。問題文の長さは大学によって異なってくる。A4で１ページだけという比較的短文の問題を出題する大学院から，A4で10ページ以上というかなり長文の問題を出題する大学院までさまざまである。この課題文の長さに関しては，近年は留学生の受験生が多くなっており，日本語がそれほど得意ではない留学生にとっては大きな関心事となっている。かなり長文の日本語の課題文を課している大学院として，慶應義塾大学大学院経営管理研究科（MBA），一橋大学大学院経営管理研究科（経営管理プログラム，経営分析プログラム）があるが，これらの大学院が出題する長文の課題文に対しては苦手意識を持つ留学生もかなりいる。日本語が苦手な留学生にとっては，この課題文の長さは重要な点であるので，本書や過去問を利用して，自分が課題文を読みこなして，時間内に設問に答えるだけの日本語力があるかどうかを考えて受験校を選んでいただきたい。筆者が指導した留学生も，課題文を正確に理解する日本語力がなくて，小論文がうまく書けなかったという方は非常に多くいる。留学生にとって，日本語の課題文は1つのハードルになっているといえる。日本語が苦手な留学生は，あまりにも長い課題文を課している大学院の受験は避けたほうがいいかもしれない。この点は，後で詳しく説明する。

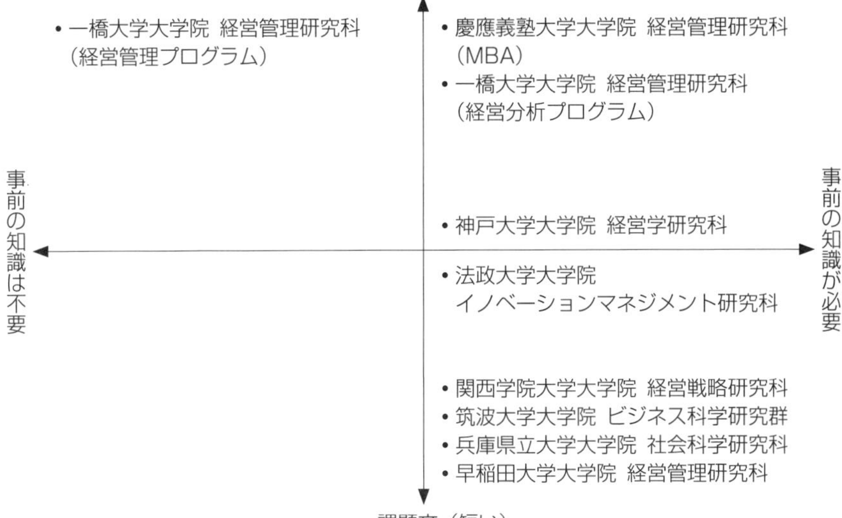

以上の説明を踏まえて，縦軸に「課題文が長いか短いか」を取り，横軸に「事前の知識が必要か不要か」を取り，4つの象限に該当する大学院をプロットすると，以下のようになる。

2－1 左上の象限

事前知識は不要だが，長い課題文が課されているのが，一橋大学大学院経営管理研究科（経営管理プログラム）である。過去問を見ると，問題文が6ページ以上となっており，国内MBA入試の問題としては，かなり長い文章となっている。また，文章の内容も，「終身雇用制」「石油収入と民主化の関係性」「イランとイラクの石油生産量」に関するもので，難易度が高い日本語の文章となっている。日本人ならこの課題文を理解することはできるが，留学生の場合は，相当な日本語力がないと理解した上で解答することは難しいと思われる。

ただ，事前知識に関してはほとんど不要であり，文章に示された内容や文中の図表を正確に理解できれば解答できる問題となっている。

筆者の指導経験からいうと，過去問を用いた練習をしている日本人の方であれば，おそらくほとんどの方が8割以上は得点できる問題である。過去問を解答しておくだけで，特別な準備をしなくても，筆者が指導した日本人の受験生はほぼ全員が1次試験は合格している。

以上からいえることは，一橋大学大学院経営管理研究科（経営管理プログラム）を受験する日本人の方は，過去問を解答するくらいの準備で問題ない。日本語を正確に理解して論述する力があれば問題はない。経営学の深い知識などは不要である。留学生に関しては，合格するには，日本人並みの日本語力が必要となる。留学生で同校を目指す方は，まずは日本語力を高める努力が必要となる。留学生（特に中国系の留学生）が苦手とするのが，日本語の助詞の使い方である。「私は会社に行った」という日本語を，留学生は「私会社行った」という形で，「は」「に」という助詞を省略してしまう方が多い。留学生の方は，この助詞の使い方に特に注意をして日本語力を高めていただきたい。

2－2 右上～右下の象限

右側に位置している大学院は，事前知識が必要となる。事前知識としては，経営学の基礎的な知識と経営学に関する時事的な知識を習得しておく必要がある。経営学に関する時事的な知識は，『日経ビジネス』を読むことをお勧めする。経営学に関する基礎的な知識は，本書を含めた筆者執筆の以下の３冊の書籍を読んでおいていただきたい。以上の対策で事前知識は問題ないレベルに達する。

- 『国内MBA受験　小論文対策講義』中央経済社，2011年
- 『国内MBA受験の小論文対策〈基礎知識マスター編〉』中央経済社，2021年
- 『国内MBA受験の小論文対策〈実践的合格答案作成編〉』中央経済社，2022年（本書）

次が課題文の長さである。右上～右下の象限に位置している大学院は，課題文が長い大学院から短い大学院まで幅広い。長い課題文が課される大学院としては，慶應義塾大学大学院経営管理研究科（MBA），一橋大学大学院経営管理研究科（経営分析プログラム）がある。長さは年によるが，A4で６ページ程度だと考えていただきたい。課題文が短い大学院は，関西学院大学大学院経営戦略研究科，筑波大学大学院ビジネス科学研究群，兵庫県立大学大学院社会科学研究科，早稲田大学大学院経営管理研究科である。この４校は，年によるが，A4で１～２ページ程度である。最後に中程度の長さの課題文が課されている大学院が，神戸大学大学院経営学研究科，法政大学大学院イノベーション・マネジメント研究科である。この２校は，A4で３～４ページ程度である。

この右上～右下の象限に属する７校を受験する方は，上記で説明したとおり，まずしっかり知識をインプットしていただきたい。その上で，本書や各校の過去問を用いて実践的な練習をおこなっていただきたい。

留学生に関してであるが，上記の８校のうち，筆者が指導経験があるのが，

慶應義塾大学大学院経営管理研究科，早稲田大学大学院経営管理研究科の２校である。この２校に関して筆者の受験指導経験からいえることを説明する。慶應義塾大学大学院経営管理研究科に関しては，日本人並みの日本語力がなくても合格している留学生がいる。その留学生と受験後に話したが，自己採点では小論文はそれほどできなかったということであったが合格した。筆者が指導した中には，このように日本語力が日本人レベルではないにもかかわらず合格している留学生が何人かいる。この経験からいえることは，慶應義塾大学大学院経営管理研究科では，小論文の出来は合否にはあまり影響を与えていないのかもしれない。小論文よりも，他の何らかの要因によって合否が決まっているのかもしれない。この点は明確にはわからない。

一方，早稲田大学大学院経営管理研究科では，留学生が合格するには，日本人並みの日本語力が必要となる。こちらも筆者の受験指導経験からいえることであるため限界はあるが，日本語力が低い留学生は不合格になっている。留学生で同校を目指す方は，まずは日本語力を高める努力が必要となる。先ほど説明したが，留学生は，「は」「に」「を」などの助詞の使い方が正確にできない方が多いので，助詞の正確な使い方をマスターしていただきたい。

なお，大学院ごとの出題内容の詳細に関しては，『国内 MBA 受験の小論文対策〈基礎知識マスター編〉』（中央経済社）にて説明しているので，そちらをお読みいただきたい。

3 国内 MBA 入試における筆記試験の重要度

国内 MBA 入試において小論文が課されている大学院は，『国内 MBA 受験の小論文対策〈基礎知識マスター編〉』に書いたが，11校である。また，小論文以外の筆記試験として，英語を課している大学院がある。それが神戸大学大学院経営学研究科と一橋大学大学院経営管理研究科（経営分析プログラム）の２校である。神戸大学大学院経営学研究科は，TOEIC730以上の方は証明書を添付すれば，英語の試験は免除される。筆記試験ではないが，TOEIC や

TOEFL のスコア添付が必須となっている大学院に京都大学経営管理大学院がある。

では，国内 MBA 入試のような社会人をメインとした大学院入試において，小論文や英語の筆記試験はどのくらい重視されているのだろうか。大学入試や学部生がそのまま進学する研究型の大学院入試ならば，筆記試験の得点は重要になる。単純に筆記試験の合計点が高い人から合格するというのが当たり前のことである。この一般的な入試の考えが，国内 MBA 入試のような社会人入試に当てはまるのだろうか，という疑問を持つ方は多くいる。

この点に関して，18年間の国内 MBA 受験の指導経験をもとに，筆者の考えを述べる。

結論からいうと，国内 MBA 入試では筆記試験の重要度はそれほど高くない。英語や小論文の筆記試験ができなかった方でも国内 MBA に合格している方はたくさんいる。試験ができなかったといっても，どのくらいをできなかったというのか，英語はどのくらいの出来で合格するのか，小論文はどのくらいの出来で合格するのか，筆者と読者の皆さんとで共通の尺度がなければ，これらのイメージができないと思う。英語は，筆者と読者の皆さんで共有できる尺度がある。TOEIC のスコアである。神戸大学大学院経営学研究科は英語の筆記試験があることはすでに述べたが，TOEIC のスコアが500くらいの方でも合格している。小論文に関しては，筆者と読者の皆さんで共通の尺度がないが，慶應義塾大学大学院経営管理研究科では，先に述べたとおり，日本語力が日本人レベルにない留学生が合格している点を考えると，重要度は低いといえるかもしれない。早稲田大学大学院経営管理研究科に関しては，慶應義塾大学大学院経営管理研究科ほどではないが，やはり小論文の重要度はそこまで高くないと推測している。その理由として，小論文で失敗し，うまく論述ができなかった方が，１次に合格し，２次の面接で，「小論文の出来が悪いがどうしたのか？」と質問されていた。結局，その方は合格した。このケースは，小論文の試験は出来が悪かったが，その方の職務経歴を面接官が気に入ったため合格したのだと思われる。

このように，国内 MBA 入試は社会人入試であるので，大学入試のような筆記試験の単純な合計点で合否が決まるものではない。筆記試験ができなくとも，大学教授が興味を引く業種や職種であったり，年齢の割に昇進が早かったりといった定量評価ではない，定性的な評価軸で合否が決まる場合も多いのである。これが社会人入試である国内 MBA 入試の実態であり，単に筆記試験のための勉強ができれば合格できる試験ではない。この点が，国内 MBA 入試の合格基準がわかりにくく，不合格になった人が何が原因で不合格になったのか本人が理解できない原因となっている。

筆者の指導経験を踏まえていえることは，大学院側にとってのメリットがある人は合格しやすいということである。例えば，「○○株式会社の社長は，○○大学の MBA 卒だよ」といわれることが大学院にとってはメリットになる場合がある。その会社が一流企業で多くの人が入社を希望するような人気企業であればなおさらである。ということは，一流企業で多くの人が入社を希望するような人気企業に属していて，その会社の幹部候補である若手の方が国内 MBA を受験したとしたら合格しやすいということがいえる。これは大手企業の企業派遣の方が国内 MBA に合格しやすいといわれているのと同じことである。企業派遣というのは，その企業がお金を払って（授業料，教材費，在学中の給与），国内 MBA で学ぶことを意味している。企業がそこまでお金をかける人材というのは，当然のことながら将来の幹部候補である。大手企業の企業幹部候補は先の理由で大学院としては欲しい人材であり，大手企業の企業派遣は合格しやすい。

大手企業の将来の幹部候補だが，入試の準備がしっかりできておらず小論文の試験の出来が今一歩だった人と，筆記試験の出来はすばらしくいいのだが，将来が見えた出世の可能性のない人では，どちらが合格の可能性が高いか。それは前者なのである。これが社会人入試である国内 MBA 入試の現実である。

別の視点での大学院側にとってのメリットとして，その受験生の経歴や生き方が，教授に何らかの示唆を与えられる場合があるが，その場合も合格しやすくなる。例えば，ある教授が○○業界を研究対象として興味があるとする。特に○○業界のリーディングカンパニーである○○社には興味があったとする。しかし，○○業界から国内MBAに進学する人は少ないとする。その場合，○○業界のリーディングカンパニーである○○社に属している受験生はその大学側から必要とされている状況にあるということになり合格しやすくなる。

別の例として，筆者が実際に指導した受験生の事例を説明する。その方は，子供が生まれながらに障がいを持っていた。その経験から，子供の障がい者を救う福祉事業を起業した。その方の福祉事業に対する思いや熱意は，自分が障がい者の子供を抱える経験から生まれたものであり，強いメッセージ性を持っていた。そんなメッセージが大学教授の心を打ち合格したのである。ちなみにその方は修了後もその福祉事業をさらに拡大して大きな社会貢献を果たしている。SDGsが叫ばれる時代において，このような理念を持ち実践しているその方の姿勢は大学側にとって大きな意味を持っているといえる。

以上のように，大学側に対する貢献，社会に対する貢献がある人は，国内MBA入試では大きなアドバンテージがあるといえる。仮に筆記試験ができなくとも合格できる可能性はあるのである。

上記の話は社会人入試の話であり，大学生が社会人経験がないままで国内MBAを受験する場合にも当てはまるといえるか。この点について以下に説明する。

大学生が社会人経験がないままに国内MBAを受験する場合，筆者の経験上は，以下の4校に集中している。なお，関西学院大学大学院経営戦略研究科，同志社大学大学院ビジネス研究科，立命館大学大学院経営管理研究科の3校も社会人経験がない大学生が多く在学しているが，筆者がこの3校に関しては指導経験がないので，この3校にはここでは触れない。

- 青山学院大学大学院国際マネジメント研究科
- 京都大学経営管理大学院（一般選抜）
- 慶應義塾大学大学院経営管理研究科（MBA）
- 一橋大学大学院経営管理研究科（経営分析プログラム）

上記４校で，英語の筆記試験があるのは，一橋大学大学院経営管理研究科（経営分析プログラム）だけである。同校は小論文の試験もある。同校を大学生が受験する場合は，英語，小論文ともに筆記試験は重要であると筆者は予想している。なので，大学生で同校を受験する方は英語，小論文ともに高得点が取れるように試験対策をしていただきたい。

京都大学経営管理大学院（一般選抜）は，英語はTOEICやTOEFLのスコア添付が必須であり，小論文も筆記試験として課されている。同校はどちらも重要であるので，TOEICなどのスコアは800以上を目指していただき，小論文の筆記試験も高得点が取れるように試験対策をしていただきたい。

慶應義塾大学大学院経営管理研究科（MBA）は，小論文の筆記試験だけが課されている。同校は先にも説明したが，小論文の筆記試験の重要度は大学生も社会人同様に低いと筆者は推測している。なので，小論文でそれほど高得点を取ることに力を注ぐ必要はないと考えている。

最後が，青山学院大学大学院国際マネジメント研究科であるが，同校は筆記試験はなく，志望理由書と面接だけである。英語はTOEICのスコア添付が任意で課されている。任意なので添付する必要もない。筆者が指導した大学生の方はTOEICが500にも満たないスコアであったが合格している。なので，同校を受験する場合は，筆記試験や英語の試験対策は特に必要はない。

以上，大学生が国内MBA入試を受験する場合の筆記試験の重要度について大学院別に解説した。大学院によって，筆記試験の重要度が異なっているので，自分が受験する大学院ごとにそれぞれ強弱を付けて対策していただきたい。

課題文型小論文の練習問題

本章では，課題文型小論文の練習問題を8題提示する。問題ごとにテーマを設定している。8題の問題は以下のとおりである。

問題1：ビジネスモデル変革と阻害要因
問題2：ヤマダ電機による大塚家具の買収
問題3：小売業の競争戦略
問題4：新規学卒者の離職率と日本的経営
問題5：経営理念と組織文化
問題6：ICTと消費者行動
問題7：社員の幸福と脱官僚制のマネジメント
問題8：女性の活躍促進の阻害要因と克服策

問題1，問題2，問題3，問題4，問題6の課題文は筆者が作成した文章である。問題5，問題7，問題8は筆者の恩師である早稲田大学ビジネススクールの東出浩教教授の編著書である『ガゼル企業 成長の法則』（中央経済社）から引用させていただいた。では，さっそく小論文の演習を開始していただきたい。

問題１：ビジネスモデル変革と阻害要因

以下の文章は，製品差別化とビジネスモデルにおける差別化について述べたものである。本文章を読んで，以下の２つの設問に答えなさい。
（制限時間：120分）

（設問１）
本文中では，ビジネスモデルが変わった事例として，本，音楽，ファッションを取り上げているが，本文中の事例以外で，本事例のようなビジネスモデルが変わった事例をあげて600字程度で具体的に説明しなさい。

（設問２）
下線部では「日本企業は，ビジネスモデルを変えることが苦手である」と書かれているが，その理由は何か。あなたの考えを800字程度で述べなさい。

日本企業は製品の品質を高めて，より良い製品を作り出すことに力を注ぐ傾向がある。テレビの画質だったり，音楽プレイヤーの音質だったり，とにかく機能的な優位性にこだわりを見せる。

しかし，製品・サービスの品質向上による差別化競争をしていても競争力上は意味を持たなくなる状況がある。ビジネスモデルが変わる場合である。例えば，本を買う場合，現在では，アマゾンや楽天ブックスで買うのが当たり前だが，2000年の頃は，普通に書店に行って，紙の本を買うのが当たり前だった。書店に行って紙の本を買うのが当たり前の時代には，本屋の競争優位の源泉は，立地であった。駅前の一等地にお店を構えて，ビジネスマンが会社帰りに立ち寄れる便利さを提供する必要があった。本屋の提供するサービスの差別化は，立地だった。新宿駅の駅前にある紀伊國屋書店，東京駅の駅前にある丸善，八重洲ブックセンターなどが好例である。

それがアマゾンや楽天ブックスで買うことが当たり前になると，従来の差別化のポイントであった立地はまったく意味がなくなる。どこにいてもいつでも本を購入できるようになったからである。すなわち，ビジネスモデルが変わってしまったのである。ビジネスモデルが変わった以上は，従来の商品やサービスの優位性の源泉（本屋の場合は立地）において差別化をいくら一生懸命にがんばったところで意味がない。自社もビジネスモデルを変えるしか生き残る道はなくなる。実際，紀伊國屋書店は新宿駅南口の店舗を閉店した。インターネットという場所や時間を選ばないサービスに，立地の優位性は無力だったのである。

音楽に関しても同じである。好きなアーティストの曲を購入する場合，今では音楽配信のダウンロードが当たり前だが，2000年の頃はCDを買うのが当たり前だった（今もCDを買う人は当然いるが）。電車内で音楽を聴く場合，CDを買う時代には，ソニーのCDウォークマンやMDウォークマンで聴いていた。当時の音楽を聴く典型的な形は，まずCDを購入して，自宅のステレオでMDにダビングして，そのMDをMDウォークマンで聴くというものであった。MDにダビングしない場合は，CDウォークマンという携帯型というにはちょっと大きすぎるポータブルプレイヤーで聴いていた。いずれにしても，CDという物理的な媒体の購入が必須だったのである。

こちらもアップルのiPod，iTunesが登場してビジネスモデルが変わった。iTunes Storeの有料型ダウンロード音楽配信サービスで聴きたい曲を購入して，iPodもしくはiPhoneで聴くというスタイルに変わった。物理的な媒体であるCDを購入する必要がなくなったのである。

CDを購入することを前提にしていたソニーのウォークマンの存在感が徐々に薄れていったのである。ソニーのウォークマン，アップルのiPod，両方で音楽を聴き比べると，音質はソニーのウォークマンのほうが勝っている。こういった製品へのこだわりは日本企業らしいこだわりである。製品自体のクオリティは非常に高いのである。ただ，その他の点も比較するとアップルの iPod のほうが勝っている。まず，パッケージである。プラスチックのケースに入っていて，今までの家電製品にはない斬新なイメージである。ウォークマンは紙の箱に入っているが，十分，洗練されている。でも iPod のような斬新さはない。

次がソフトの使用感である。両機種とも，パソコンに取り込んだ音源を本体に送る時はソフトを使用するのだが（2021年現在はストリーミング配信も可能）も，この使い勝手の良さはアップルの iTunes が数段優れている。直感で操作できる利便性は，iTunes を使ってしまうとソニーの SonicStage は使う気になれないくらいである。なお，SonicStage は2008年に使われていたソフトで，現在はサービスが終了している。現在は，Sony Music Center for PC を使う形になっている。

以上のように，CD を買って聴くというビジネスモデルから，音楽配信サイトでダウンロードして聴くというビジネスモデルへ変化したのであるが，ビジネスモデルが変わると，従来型の強みが強みではなくなる。ソニーのウォークマンの強みは，日本企業ならではの製品品質である音質の良さである。これは大切なことであるが，CD を買うという行為が人に制限を与えてしまうのである。お店に行かないと買えないし，アマゾンや楽天で買っても自宅に届くまで待たなければならないのである。その点，音楽配信であれば，いつでもどこでも音楽を購入し聴くことができるのである。音楽を聴くという行為が，かなり便利に行えるようになったのである。この便利さと手軽さに人は魅了されて，アップルの iPod，iTunes が大きな飛躍を遂げたのである。

現在では，ダウンロード販売や，定額制の料金を支払って大量の音楽を自由気ままに聴ける Apple Music や Spotify（無料プランもあり）が主流になりつつあり，それにいち早く対応した iPod touch はソニーのウォークマン（現在の商品表記は WALKMAN）より一枚上手といえる。

ブランド・ファッションに関しても，同様の変化が起きている。ブランド・ファッションを購入する場合，従来ならば，百貨店や路面店に行って購入するのが一般的であった。こちらも，先に説明した書店同様に，差別化のポイントは立地であった。ターミナル駅から近い場所に位置している，表参道や銀座などのブランド街に位置しているといった点が差別化のポイントであった。それが楽天や ZOZOTOWN やブランドショップ直営のサイトで購入できるようになり，立地に依存しないビジネスになったのである。

さらに，新たなビジネスモデルの進化形が，株式会社エニグモが運営する「BUYMA（バイマ）」というサービスである。株式会社エニグモは，2004年2月10日に設立された日本のベンチャー企業である。BUYMA では，世界中にいるパーソナルショッパーと呼ばれる人が，商品を出品して，現地で買い付け・発送をしている。パーソナルショッパーとは，お客様の趣向や購入の目的，予算に合わせ，自身のセンス・知識・経験を生かした対応力で最適な商品セレクトや，満足のいくお買い物体験をサポートする方のことである。海外ブランド16,000以上を取り扱っており，現地価格でおトクにお買い物できるとあって，日本で大人気のサービスとなっている。

BUYMA での具体的な購入プロセスを紹介してみよう。まず，日本に住んでいる客が，あるイタリア製のブランドのスーツを購入したいとする。その客は，BUYMA のサイトから，自分が好むブランドのスーツを見つけ出して，その商品を出品している現地（例えば，イタリアやフランス）に住んでいる（もしくは現地のショップにコネクションを持つ）パーソナルショッパーに購入を依頼する。現地に在庫があれば，パーソナルショッパーが現地の価格で購入して，その商品を日本に住む客に DHL などの国際宅配便で送る。そして，顧客の手元にスーツが届く，という流れである。この BUYMA のサービスの利点は，現地の価格で購入できるため，日本の百貨店などで購入するよりも安く購入できる点である。円高などの影響があって安く購入できる場合があり，極端な場合は半値で購入できる場合もある。また，日本のアパレル事業はメーカーと小売の間に多くの卸問屋が介在しマージンを上乗せしているため，最終小売価格が高くなりがちである。この点も，現地で直接買って届けてくれるので，日本の複雑な流通チャネルは介在しない。そのために，安い価格で購入可能である。このBUYMA のサービスは，日本のブランド・ファッションビジネスのビジネスモデルを大きく変えてしまった事例である。

このような新たなビジネスモデルの出現によって，百貨店などの小売は大きな打撃を受けている状況である。

製品・サービスの差別化，製品・サービスの品質向上に力を入れることが日本企業は得意である。このこだわりは，ビジネスモデルが安定的で変化しないという前提で成り立っている優位性である。ビジネスモデルが変わってしまった場合は，優位性を失ってしまうのである。この場合に，日本企業が行う必要があるのは，自社のビジネスモデルを改めることである。ビジネスモデルが変わったのに，従来型の製品・サービスに磨きをかけていても，それは意味を持たない。やるべきことは，ビジネスモデルを変えることであり，それができなければ，どんどん衰退していく運命なのである。そのことに日本企業は気付くべきである。

競争の次元による日本企業の優位性

競争	
製品・サービスの品質向上による競争	日本企業が得意とする競争次元
ビジネスモデルによる競争	日本企業が苦手とする競争次元

ビジネスモデルが変わりつつあることに気付いたならば，自ら既存のビジネスの形を破壊して，新たなビジネスモデルの創造へと移行しなければならないのであるが，これが日本企業は苦手なのである。なぜ，苦手なの

か？　社内的なしがらみがあり，大胆な変革ができない。そもそも変革したい気持ちがあるが，どうしたらいいのかわからない，といった声が聞こえてくる。

自社が，製品・サービスの差別化の次元にいるならば，その優位性は長く続かないかもしれない。早めにビジネスモデルの転換をすべきである。

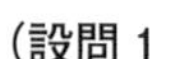

解答例

（設問１）

ホテルなどの宿泊サービスで新しいビジネスモデルを提供しているAirbnbについて述べる。

従来の宿泊サービスは，ホテルにしろ旅館にしろ，自社で保有する不動産を顧客に利用してもらうという形であった。それに対して，Airbnbは，使用していない空き部屋や空き家などの不動産を家主に提供してもらい，それを一時利用する人に貸し出すというビジネスモデルである。家主と利用者の仲介をするプラットフォームサービスを運営しているのがAirbnbである。

扱っている物件は，アパートの空き部屋や戸建てがメインだが，以下のような独特な切り口を設けた宿泊先が用意されている点が人気を呼んでいる。例えば，「森の中の完全な貸切ログハウス」「“中村拓志氏設計”箱根の暮らせるツリーハウス」「波打ち際まで110歩。～Tiny House～　海の小屋」などがある。

利用者はゲストもホストもユーザー登録とオンラインプロフィールの作成が必要になる。その上で，ホスト側は，自分の所有する物件に関して，ゲストが宿泊可能な日程や料金，物件の画像，ゲストの要件を設定する。物件の掲載後，その物件への宿泊を希望するゲストから連絡が届き宿泊予約をする。

最後に，Airbnbの収益モデルに関して説明する。収益モデルとしては，ホストから予約料の３％，ゲストからは予約料に応じて６～12%の手数料を取る。利用料はホストに決定権があり，Airbnbを通してホストに支払われる。

（設問２）

ビジネスモデルを変えることが苦手な理由として，日本企業において実施されている「和」を重視する集団維持を軸とした人材マネジメントをあげる。

日本企業，特に伝統的な大企業の人材マネジメントの特徴は，協調性のような集団帰属性の高い人間を歓迎する採用，年功序列による組織内の序列，職場内教育訓練（OJT）である。

年功序列であるため上司が年長者，部下が年下という年齢による序列が形成され，部下は上司から仕事をする中で学びを蓄積していく。そして，このような年齢をベースとした序列に対して協調できそうな人材を採用していく，というのが日本の大企業の「和」を重視した人材マネジメントのあり方である。

この日本型の人材マネジメントのあり方が，ビジネスモデルを変えることを難しくするのである。それについて以下に詳述する。

年齢による序列がベースになって運営される組織では，上司が部下を「型」にはめようとする。人材育成面では，上司は部下に，自分が経験済みでよくわかっている，つまり結果をイメージしやすい範囲の仕事を「やらせて」みながら，部下を「トレーニング」していく。時に失敗もあるが，それは上司が予測できる範囲内であり，失敗の経験がビジネスモデルを変えるといった形の新しいものを生み出すことは少ない。上司が成功モデルとなり，『私のようになれ』というメッセージを暗に伝えながら，部下の体に企業文化に合った「型」を染み込ませていく。

このような型にはめる形での人材育成では，過去の製品・サービスの微修正をするような製品の差別化ができる人材の育成はできるが，過去に起きたことのない事象に直面し，過去を否定し，抜本的な改革が必要になるような取り組みはできない。すなわち，型にはめる形での人材育成，さらにいえば，「和」を重視する集団維持を軸とした人材マネジメントでは，既存のビジネスモデルを破壊して，新たなビジネスモデルを構築するような人材の育成はできないのである。そのために，日本企業はビジネスモデルを変えることが苦手なのである。

解　説

1　ビジネスモデルが変わった事例

まず，設問1の解説から始める。設問1は，ビジネスモデルが変わった事例を説明する問題だが，これはビジネスモデルが変わった事例であれば何でもかまわない。皆さんが知っている事例をあげていただきたい。ここでは，新たなビジネスモデルとして，ブランドバッグのサブスクリプションを提供しているラクサス，ホテルなどの宿泊サービスの新しいビジネスモデルを提供しているAirbnbの2つを紹介する。

1－1　ブランドバッグの新たなビジネスモデル

1つ目は，ブランドバッグに関するビジネスモデルの変化である。これは完全に移行したわけではないが，既存のビジネスモデルにとっては大きな脅威となっている事例である。それがブランドバッグのサブスクリプションである。サブスクリプション（subscription）（以下，サブスク）とは，所定の料金を支払うことで商品やサービスを一定期間，自由に利用する権利を得られる仕組みのことである。

ブランドバッグ（例えば，エルメスのバッグ，グッチのバッグなど）は，これまでは新品を百貨店や路面店で購入する，ECサイトで購入するというのが一般的である。すなわち「購入」が基本である。中古品の場合も，メルカリやヤフオクなどのECサイトで購入するのが一般的である。それがサブスクの登場によって，購入するのではなく，「利用する権利を得る」という形に移行したのである。

ブランドバッグを，定額・使いたい放題で提供しているのがラクサスである。ブランドは，エルメス，シャネル，ルイ・ヴィトン，ディオール，ボッテガ・ヴェネタ，ロエベ，セリーヌ，グッチなど憧れの60ブランドのバッグから自分が使いたいバッグを選ぶことができる。料金は月額7,480円（税込）の定額制である。月に1回の利用の場合は送料等の料金も別途発生することなく，7,480円で利用可能であるが，月に2回以上バッグをレンタルする場合は，「荷造り手数料」として，1回につき1,100円（税込）がかかる。定額とはいっても，2個以上利用する場合は，追加で1,100円が発生する。とはいっても，1個30万円〜50万円を超えるようなバッグを月額7,480円で利用できるのは，ブランド好きにはたまらない価格設定である。

このように，ブランドバッグを購入するという従来のビジネスモデルが，ブランドバッグを利用するという形に移行したのである。

なお，ここで説明したサブスクリプションに関しては，法政大学大学院イノベーション・マネジメント研究科，立命館大学大学院経営管理研究科で出題されており，今後も各校で出題が予想されるテーマである。筆者が執筆した『国内 MBA 受験の小論文対策〈基礎知識マスター編〉』（中央経済社）で詳しく説明しているので，ぜひそちらをお読みいただきたい。

1－2　宿泊サービスの新しいビジネスモデル

もう1つの事例は，ホテルなどの宿泊サービスで新しいビジネスモデルを提供している Airbnb である。

従来の宿泊サービスは，ホテルにしろ旅館にしろ，自社で保有する不動産を顧客に利用してもらうという形であった。それに対して，Airbnb は，使用していない空き部屋や空き家などの不動産を家主に提供してもらい，それを一時利用する人に貸し出すというビジネスモデルである。家主と利用者の仲介をするプラットフォームサービスを運営しているのが Airbnb である。

2008年に設立の Airbnb であるが，2019年３月時点の１日あたりの宿泊利用者数は世界100,000都市に200万人となっている。そして，選べる宿泊先は191か国に600万件以上あり，大手ホテルチェーン上位５社を合わせた数をも上回る規模になっている。Airbnb 設立以来，2019年３月末までに Airbnb のホストが得た収益は約６兆5,000億円を超え，Airbnb を通じてゲストがチェックインした回数は５億回を突破するなど，民泊サイトとして多大な実績を持っている。

扱っている物件は，アパートの空き部屋や戸建てがメインだが，以下のような独特な切り口を設けた宿泊先が用意されている点が魅力的である。例えば，自然に囲まれた宿泊先として，「森の中の完全な貸切ログハウス」「“中村拓志氏設計”箱根の暮らせるツリーハウス」などがあり，ユニークな宿泊先として，「波打ち際まで110歩。～ Tiny House ～　海の小屋」がある。貸切を希望する方には，「屋上露天風呂付きまるまる貸切の一軒家」などが用意されている。近年，需要の多いペット同伴 OK の物件も多数掲載されている。

Airbnb では，自分が所有する物件を貸す側を「ホスト」と呼び，利用する側を「ゲスト」と呼んでいる。ゲストがホストの所有する物件を利用するまでの流れは，以下のようになっている。

利用者はゲストもホストもユーザー登録とオンラインプロフィールの作成が必要になる。その上で，ホスト側は，自分の所有する物件に関して，ゲストが宿泊可能な日程や料金，物件の画像，ゲストの要件を設定する。物件の掲載後，その物件への宿泊を希望するゲストから連絡が届く。Airbnb のホストには「全体的評価」「返答率」「キャンセル率」「予約率」の４つについて，一定の基準を満たすことが求められる。

まず「返答率」について，これは過去30日間の問い合わせと予約リクエストに対して，承認，事前承認，却下のいずれかを24時間以内に返答した割合のことである。返答率が高いほど評価の高いホストになる。

続いて「予約率」は，予約リクエストに承認した割合のことである。一方，「キャンセル率」は予約リクエストをキャンセルした割合である。予約率が高く，キャンセル率が低いホストが高い評価になる。

最後に「全体的評価」についてであるが，これは過去の全ゲストのレビューの平均点のことである。ゲストからのレビューは，その後のAirbnbユーザーの予約を左右する非常に重要な項目となるのである。

この評価制度があることによって，Airbnbの信頼性と安全性が確保されているのである。

最後に，Airbnbの収益モデルに関して説明する。収益モデルとしては，ホストから予約料の３％，ゲストからは予約料に応じて６～12％の手数料を取る。利用料はホストに決定権があり，Airbnbを通してホストに支払われる。

また，ゲストの滞在中，予想外のアクシデントに見舞われる可能性がある。例えば，ゲストが赤ワインをこぼして，カーペットを台無しにしてしまうといったことである。こういった場合に備えて，Airbnbではホスト保証を用意している。Airbnbのホスト保証は，Airbnbが提供する物損補償プログラムである。ゲストの滞在中に宿泊施設や所有物が損傷を受けた場合，ホストに対してUS$1,000,000を上限に物損補償が適用されるのである。

ここで説明したAirbnbのようなサービスを「シェアリングエコノミー」という。シェアリングエコノミーとは，提供者が所有するモノ，サービスを利用者が共有することによって成り立つ市場経済の仕組みである。ITが普及する以前は，ある個人の余剰資産に第三者がアクセスすることは，親しい知人同士を除けば不可能であった。しかし，インターネットが普及し，スマホをみんなが持ち，SNSを利用するようになったことで，ここで説明したAirbnbのようなシェアリングエコノミーのプラットフォームサービスが生まれ，個人の余剰資産に第三者の利用者が一定の条件のもとでアクセスすることが可能になったのである。

このシェアリングエコノミーに関しては，慶應義塾大学大学院経営管理研究科，兵庫県立大学大学院社会科学研究科で出題されているので，同校を受験する方はしっかり頭に入れておいていただきたい。ただ，他校での出題も十分に予想されるので，この２校に限らず，すべての受験生に頭に入れておいていただきたい。

2　ビジネスモデルの変革を妨げる要因

ここからは設問２の解説である。日本企業がビジネスモデルを変えることを苦手としている理由について説明していく。なお，以下で説明する内容は，ビジネスモデル転換に関してであるので，イノベーションに関連する内容である。特に，イノベーションの阻害要因に関する説明になっている。イノベーション，そしてイノベーションの阻害要因に関しては，国内MBA入試では特に頻出のトピックである。過去の出題校も京都大学大学院，慶應義塾大学大学院，東京都立大学大学院，筑波大学大学院，一橋大学大学院，法政大学大学院，早稲田大学大学院などで出題されているので，以下の説明は，しっかり頭に入れておいていただきたい。

2－1　「型」にはめる人材マネジメントの限界

ビジネスモデルを変えることが苦手な理由の１つに，日本企業において実施されている「和」を重視する集団維持を軸とした人材マネジメントがある。日本企業，特に伝統的な大企業の人材マネジメントの特徴は，協調性のような集団帰属性の高い人間を歓迎する採用，年功序列による組織内の序列，職場内教育訓練（OJT）である。

年功序列であるため上司が年長者，部下が年下という年齢による序列が形成され，部下は上司から仕事をする中で学びを蓄積していく。そして，このような年齢をベースとした序列に対して協調できそうな人材を採用していく，というのが日本の大企業の人材マネジメントのあり方である。

この日本型の人材マネジメントのあり方が，ビジネスモデルを変えることを難しくするということを，早稲田大学大学院経営管理研究科の東出浩教教授の著書『ガゼル企業 成長の法則』を引用しながら説明する。

年齢による序列がベースになって運営される組織では，上司が部下を「型」にはめようとする。人材育成面では，上司は部下に，自分が経験済みでよくわかっている，つまり結果をイメージしやすい範囲の仕事を「やらせて」みながら，部下を「トレーニング」していく。時に失敗もあるが，それは上司が予測できる範囲内であり，失敗の経験がビジネスモデルを変えるといった形の新しいものを生み出すことは少ない。上司が成功モデルとなり，『私のようになれ』というメッセージを暗に伝えながら，部下の体に企業文化に合った「型」を染み込ませていく。

このような型にはめる形での人材育成では，過去の製品・サービスの微修正をするような製品の差別化ができる人材の育成はできるが，既存のビジネスモデルを破壊して，新たなビジネスモデルを構築するような人材の育成はできないのである。

上司が部下を型にはめるのが有効なのは，未来が過去の延長線上にある場合である。日本の場合は，1990年代前半のバブル期以前の時代である。この時代は市場が成長し，今ほどグローバル化していたわけではないためライバル企業との競争もそれほどなく，インターネットなどの技術革新も起きていない時代である。そのため，未来は過去の延長線上にあり，昨年と同じことを今年もおこなっていればよかった時代である。このような時代には，上司が部下を自分の型にはめる教育が有効だったのである。

しかし，現在は，1990年代前半のバブル期以前の時代とはまったく様相が異なる。市場は成熟し，ライバル企業とのグローバル競争が勃発し，技術革新のスピードもかなり速くなっている。このような時代においては，リーダー（上司）であっても，「自分はすべてを知っているわけではない」という現実を見つめ，自分自身も学習者にならなくてはならない。上司も部下も一緒になって，異なった役割を果たすリーダーとして，「当初は想像できなかったものを発見し創造していく」プロセスが求められている。計算されたリスクを取りながら，実験する自由と，結果としての適切な失敗経験が活かされ，型を破っていく人や組織こそが既存のビジネスモデルを破壊して，新たなビジネスモデルの構築ができるのである。

日本の大企業の多くでおこなわれている「型にはめる」から，「型を破る」という形に移行していかなければ，既存のビジネスモデルを破壊して，新たなビジネスモデルの構築ができる人材の育成はできないのである。

2－2 「優れた配慮・気配り」がビジネスモデル変革を妨げる

文具をはじめとするオフィスで必要な品物をカタログ通販（現在はネット通販もおこなっている）により翌日に届く，という新たなビジネスモデルを構築したのが「アスクル」である。このアスクルが創造したビジネスモデルに，文具業界のリーダー企業であるコクヨは大きく後れをとってしまった。コクヨが通販事業である「カウネット」を立ち上げたのは，アスクルが設立されてから５年も遅れてのことであった。

なぜ，リーダー企業であるコクヨは，すぐにアスクルに追随して，アスクルの独走を止めることをしなかったのか。この点を探ると，日本の大企業がビジネスモデル転換することができない理由が見えてくるはずである。

まず，アスクルが，どのようなビジネスモデルの変革をおこなったのか，以下で説明する。

文具の法人向け市場は約660万といわれる事業所から成り立っており，そのうちの５％が従業員30名以上の事業所であった。この従業員30名以上の事業所が，従来から各文具メーカーにとっての最重要市場であった。この市場では，文具店の外商によるいわゆる御用聞き営業と便利屋的サービスがおこなわれていた。これに対して，従業員30名未満の事業所は，文具の需要量も限られているため，文具店での店頭販売がおこなわれていた。事務員が仕事の合間に文具店に行き，現金で買い物をして，精算するというのが，典型的なパターンであった。文具店での販売の問題点は，品揃え不足であった。文具は，品目数が膨大であるのに対し，文具店での品揃えは平均で１万2,000品目程度であるため，品切れも多かった。品切れの場合は，納品までに通常でも2日以上かかり，数週間待たされることも珍しくなかった。従業員30名未満の事業所にとっては，必要な文具をすぐに手に入れたいというニーズが満たされていなかったのである。

そこで，アスクルは，この従業員30名未満の事業所をターゲットとして，カタログによるオフィス用品の通信販売を開始したのである。そして，社名の「アスクル」が示すように，商品の納期を注文の翌日とし，これまで満たされていなかった従業員30名未満の事業所のニーズを完全に満たすことになったのである。このアスクルの例は，満たされていないニーズを発見し，そのニーズに「通信販売」「翌日配達」という新たなビジネスモデルを導入し，既存のビジネスモデルを変革した好例である。

このアスクルの創造した新たなビジネスモデルをコクヨがすぐに採用できずに，既存のビジネスモデルにしがみついていた理由に関しては，一橋大学大学院経営管理研究科の沼上幹教授の著書『経営戦略の思考法』に興味深い記述があるので，それを引用しながら説明する。

アスクルの新たなビジネスモデルを，コクヨがすぐに採用できなかった理由は，優良卸・優良小売店を組織化していたコクヨの配慮だったのではないかと考えられる。この内向きの配慮にこそ理由があるのだ。

コクヨのようなリーダー企業は，強ければ強いほど優良な人材をリクルートでき，秀才が集まってくる。しかも強力なリーダーは，必死になって競争相手と戦わなくても比較的容易に競争に勝利できるから，競争相手への注意力・集中力が徐々に低下する可能性がある。その結果，一般論として，強力なポジションを確保したリーダーほど，徐々に外向きに戦うことを忘れ，社内・身内に細かい点まで配慮が行き届く「紳士」が増えていく傾向が強くなっていく。

アスクルの急速な伸びを見ながら，おそらく多くの優秀な社員たちが卸と小売店とコクヨのすべてが合意可能な対応策を必死に模索していたのではないだろうか。しかし，優秀な社員が多いほど，社内に飛び交う身内の批判も手厳しい。「有力な卸の○○さんに迷惑をかけてはいけない」とか，「小売店さんの事業を圧迫しないように配慮しなければならない」といった制約条件が社内の多様な部署から投げかけられたのではないだろうか。ここで社内の激論を戦い抜き，外向きに戦える「解」に到達できれば，リーダーの地位は保持可能である。しかし，リーダー企業の中には，長年の強力なポジションに安住してきた結果として，激しい議論を避ける「紳士」が増えていく可能性がある。

また，社内に温度差もある。アスクルを真剣に脅威と感じ対策を練ろうとする人もいれば，それほど脅威には感じず，抜本的な対策を講じようとはしない人もいる。このような温度差がある組織内で合意形成しようとすれば，外部の脅威に対する対応策が抜本的なものではなくなってしまう。外部の脅威をひしひしと感じている人たちは大きな改革を望み，それを感じていない人たちは，「何もそこまでやらなくても」と批判的な態度をとる。この両者が合意形成しないと会社としての対応策がまとまらないのだとすれば，対外的な対応は遅れがちになり，しかも最終的にたどり着く対応策は，競争戦略の観点から見れば明らかに不十分な内容のものになってしまう。そのために，ビジネスモデル変革のような抜本的な対応はできないのである。

では，上記の「社内の温度差」はなぜ生じるのだろうか。この点は，須田（2015）をもとに説明する。温度差が生じる原因は，不利益配分に対する利害関係者の政治的抵抗があるからである。仮にビジネスモデルの変革をおこなう場合に，変革において重要な部門に対しては十分な資源配分や意思決定権限の付与がおこなわれる。しかし，重要度が相対的に低下した部門に対しては資源配分が減らされ，意思決定権限が縮小・剥奪される。資源配分が減らされる部門の担当役員や従業員は変革後に自らの成果を上げにくい状況に陥る。場合によっては，早期退職勧奨の対象になったり，失職する可能性も生じる。こうして同部門の担当役員や従業員にキャリア問題が発生する。このような状況下では，既存の資源配分や権限を縮小・

剥奪される部門の役員・従業員にとっては，全社的な利益を実現する全体最適よりも，自らの生き残りのほうが重要となる場合がある。そのために，変革に反対する部門が出るわけである。これが部門によって，変革に対して温度差が出る原因である。これは多くの企業で見られる現象である。読者の皆さんの企業でもこのような変革の妨げは見ることができるのではないだろうか。

なお，ここで説明したアスクルの事例は，ハーバード大学のクリステンセンが提唱する破壊的イノベーションに該当する。破壊的イノベーションに関しては，筆者が執筆した『国内MBA受験の小論文対策〈基礎知識マスター編〉』（中央経済社）で詳しく説明しているので，そちらをお読みいただきたい。

3　ビジネスモデルの変革に成功するために必要な要因

前項でビジネスモデルの変革を妨げる要因については理解していただいたと思う。では，ビジネスモデル変革に成功するための要因は何だろうか。変革を妨げる要因がなくなればいいわけであるので，「型」にはめる人材マネジメントではなく，「型」を破る人材マネジメントをおこなう，「優れた配慮・気配り」をやめる，ということを考えればいいわけだが，それでは説得力に欠ける。ビジネスモデル変革を成功させるために必要な要因を説明した理論として，「ダイナミック・ケイパビリティ理論」を紹介する。

ダイナミック・ケイパビリティ理論は，直接出題された過去問を筆者は知らないが，本理論を知っておくと，小論文試験においてさまざまな場面での解答作成に役立つ。また，国内MBA入試で最も重要視される研究計画書作成においても，ダイナミック・ケイパビリティ理論を用いた研究テーマ設定は非常に興味深いものとなると考える。そういう意味で，ダイナミック・ケイパビリティ理論を紹介する。同時に，ダイナミック・ケイパビリティ理論に関連性の高い「両利きの経営」という経営理論も紹介する。こちらも研究計画書作成における人気テーマとなっている。

3－1　リソース・ベースト・ビューとは

ダイナミック・ケイパビリティ理論のベースとなっている理論は，リソース・ベースト・ビュー（資源ベース理論）である。まずは，リソース・ベースト・ビューについて説明する。このリソース・ベースト・ビューは，企業が持つ経営資源に着目する経営理論である。ライバル企業との競争に勝つためには「独自の強みのある経営資源を持ちましょう」という考えが，リソース・ベースト・ビューである。ただ，どんな経営資源でもいいのかというと，そんなことはない。「独自の強みのある経営資源」である必要があるのだ。企業の経営資源は，人・物・金といわれているが，どの会社でも物であるパソコンやコピー機はあるし，人だってどこの会社にもいる。経営資源であればなんでもいいのかというとそんなことはない。では，どんな経営資源を持っていれば競争優位を築けるのであろうか。それは稀少性が高く，模倣困難性が高い経営資源である。稀少性が高いということは，稀少なのでその会社にしか見られないような珍しい経営資源ということになる。ただ，稀少性が高かったとしても，ライバル企業が簡単にマネ（模倣）できる資源であれば，それはマネされやすいために，稀少性はマネされた瞬間になくなってしまう。そこで，稀少性が高いだけでなく，模倣できない，すなわち模倣困難性が高い経営資源を持っている会社が競争優位を築くことができるといわれているのである。稀少性が高く，模倣困難性が高い経営資源の例としては，その企業のブランド力，便利なロケーション（駅に近い）などがある。例えば，ルイ・ヴィトンというブランドは，フランスのブランドであるが，日本のバッグメーカーがマネしたくても，マネできない模倣困難な経営資源である。また，JR の駅ビルやエキナカは，ロケーションという模倣困難な経営資源を保有している例である。駅ビルやエキナカという立地は，唯一無二の資源であるため，他社はマネすることができない。このような稀少性が高く，模倣困難性が高い経営資源を持つことが競争優位を築くために必要なことである，という考えが，リソース・ベースト・ビューという経営理論である。

3－2　ダイナミック・ケイパビリティ理論とは

次がダイナミック・ケイパビリティ理論である。まず，ケイパビリティとは何かを説明する。ケイパビリティとは，さまざまなリソースを組み合わせ直す企業の能力である（入山，2019)。先に説明したとおり，優位性を築く企業は模倣困難なリソースを保有しているというのが，リソース・ベースト・ビューであった。リソースは組み合わせることで，初めてビジネス成果につながる。ケイパビリティというのは，このリソースを組み合わせ直す企業の能力であり，リソースの上位概念といえる。現在の企業を取り巻く経営環境は変化が激しいため，あるリソースとあるリソースの組み合わせで優位性を築いてきた企業も，環境変化に応じてリソースの組み合わせを見直す，別の言葉を用いると，リソースを組み換える必要があるのである。

さらに重要なのは，このケイパビリティが「ダイナミック」（動的）であるということである（入山，2019)。先に説明したリソース・ベースト・ビューは，経営環境が安定的な場合に有効な理論である。駅ビルやエキナカというロケーションによる優位性というのは，毎日通勤電車で会社に行くという状況下では優位性を発揮するが，テレワークが普及していくと駅を利用する人が少なくなり，優位性を失う。現在のような経営環境の変化が激しい時代には，さまざまなリソースをたえず組み合わせ直し続ける力が企業には求められるのである。

ここまでの話をまとめると，リソース・ベースト・ビューは，リソースに注目し，安定的な経営環境の下で，優位性を築くための戦略を提示している。一方，ダイナミック・ケイパビリティ理論は，激しい経営環境の変化に応じて，企業のリソースの組み合わせ方を見直して，その時々の経営環境に応じたリソースの組み換えを次々におこなっていくことで優位性を築いていくということを示したものである。そのため現在のような経営環境の変化が激しくビジネスモデル変革の実施が求められる時代には，非常に重要な理論であるので国内 MBA 受験生にはぜひ知っておいていただきたい理論であり，ここで紹介した。

3－3　ダイナミック・ケイパビリティを高めるための「両利きの経営」

ここまでの説明でダイナミック・ケイパビリティの重要性が理解できたと思う。では，どうすればダイナミック・ケイパビリティを高めることができるのだろうか。これに関して，Teece（2007）は，センシング（sensing）とシージング（seizing）の必要性を訴えている。センシングとは，事業の「機会」と「脅威」を感知する力のことである。シージングとは，センシングにより感知した事業の機会を「とらえる」ことを意味している。このような説明をされて，読者の皆さんは，センシングとシージングが重要だというのは当然のことである，それはわかっているが，先に説明したとおり，日本企業では「優れた配慮・気配り」をおこなうためにビジネスモデル変革ができないのではないか。また，社内の温度差が生じるために，不利益配分に対する利害関係者の政治的抵抗があり，ビジネスモデル変革ができないのではないか，という意見を持つ方もいると思う。そのとおりである。では，これらの阻害要因を克服して，ダイナミック・ケイパビリティを機能させるには何が必要か。この点に関しては，近年流行りの「両利きの経営」を実現することである。両利きの経営は，O'Reilly & Tushman によって2008年に発表された論文がもとになっている理論である。現在，日本において，非常に注目されている理論である。国内 MBA 受験の研究計画書作成時の研究テーマにおいても，多くの受験生が両利きの経営をもとにした研究テーマ設定をおこなっている。そのくらい人気の理論である。

両利きの経営とは，「既存事業に関連した既存知識の活用（exploitation）」と「新規事業に関連した新たな知識の探索（exploration）」の２つを同時に実現する経営のことである。不確実性の高い環境下において，企業は既存事業に関連した既存知識の活用だけでなく，環境変化に伴う機会や脅威を分析し，新規事業に関連した新たな知識も探索する必要があるということである。しかし，一般的な企業では，既存事業に関連した既存知識の活用を重視し，新規事業に関連した新たな知識の探索は軽視されがちになる。理由は，企業が短期的な利益を目指すからである。短期的な利益を重視した場合，利益が出るかどうかわからない新規事業への新たな知識の探索は重要性としては低くなってしまうのである。また，先に説明したとおり，新規事業によって自分が属する既存事業が縮小や撤退するなどの不利益配分に対する利害関係者の政治的抵抗があるために，新規事業への新たな知識の探索は避けられる傾向があるのである。

しかし，一部の長期的に存続している企業は，既存知識の活用と新たな知識の探索を両立させ，変化する環境に適応し進化している。両利きの経営を実現している企業があるのである。この両立方法に関して，須田(2015)をもとに以下に説明する。

１つ目の方法は，時間的分業である。ある時間・時期は既存知識の活用活動に従事し，その他の時間・時期は新たな知識の探索活動に充てるのである。例えば，1902年に設立された米国３Ｍ社は，ミネソタ州の鉱山の採掘が祖業である。その後，採掘した鉱物を原材料とする紙やすり事業に進出して成功し，現在は各種接着剤や医療用機器等に進出している。同社の場合，研究開発部門に対して勤務時間の85%を既存事業に費やし，残りの15%を自主的な（新たな）研究テーマに充当する「15%ルール」を認めている。このような時間的分業によって，既存知識の活用と新たな知識の探索を両立させるのである。

２つ目の方法は，分業制である。既存知識の活用活動と新たな知識の探索活動を分けるのである。例えば，既存事業部門と新規事業部門に分割するのである。もしくは，事業部制を採用している組織では，事業部は既存知識の活用活動に集中し，本社部門で新たな知識の探索活動をおこなうという形である。

しかし，上記のような組織設計を導入しても，経営責任を負っている経営者は，利害関係者，特に株主の圧力があり短期志向に陥りやすく，結局，既存知識の活用活動を優先して，新たな知識の探索活動をしなくなることが生じる。そうならないようにするためには，上記の組織設計といったハード面だけでなくソフト面も重視した運営をおこなう必要がある。具体的には，経営チーム内で両活動を統合的に実施することの重要性について共有し，かつ，両活動がいずれかに偏らないようにインセンティブ設計も工夫する。また，既存事業部門と新規事業部門の意見対立は当然のものとして受け入れ，むしろ事実や数値に基づいて健全な議論を活性化させることに重点を置く。さらに，経営者だけでなく従業員にも短期志向が発生するため，経営者は戦略的意図やビジョン・価値観を組織に浸透させることも重要になるのである。

結局，両利きの経営を実現させるためには，組織のハード面とソフト面の両方を変えていく必要があり，これを実現した企業こそが，両利きの経営を実現することができるのである。

問題2：ヤマダ電機による大塚家具の買収

大塚家具はお家騒動を起こし業績が低迷し，ヤマダ電機に買収され2021年9月に完全子会社化されることが決定した。ヤマダ電機による大塚家具の買収&完全子会社化に関する以下の文章を読んで，2つの設問に答えなさい。
（制限時間：120分）

（設問1）
ヤマダ電機が大塚家具をM&Aで買収し完全子会社化する目的は何だろうか。本文の内容を踏まえて500字程度で論じなさい。
（設問2）
ヤマダ電機による大塚家具の買収，完全子会社化はうまくいくと考えられるか。あなたの意見を根拠とともに1,000字程度で述べなさい。

今回のヤマダ電機による大塚家具の買収&完全子会社化の背景には，大塚家具の業績の悪化がある。

では，大塚家具の業績が悪化して継続が危ぶまれるまでになってしまった原因は何か。過去の歴史を振り返って見ていこう。

大塚家具は，1969年（昭和44年）3月大塚勝久氏が株式会社大塚家具センターを設立し，1978年（昭和53年）7月に株式会社大塚家具に商号変更した。大塚勝久氏が経営していた当時の大塚家具は，会員制，マンツーマン接客を実施する高級家具専門店であった。

この高級路線での大塚家具の業績は，勝久氏が社長時代の2006年時点で，売上高が700億円を突破し，営業利益が52億円に達していた。しかし，この頃をピークに勝久氏が編み出した販売手法である会員制というスタイルが時代に合わなくなってきた。その結果，2009年には売上高が600億円を切り，約14億円の営業赤字となってしまった。勝久氏は経営悪化の責任を取る形で辞任し，変わって娘の久美子氏が代表取締役に就任したのである。久美子氏は，業績を回復させるために，これまでの会員制で高付加価値な戦略を転換し，誰でも利用できる店舗運営を開始した。家具業界で勢力を広げているニトリやIKEAに対抗するため，カジュアル路線に舵をきったのである。久美子氏が掲げる戦略はあくまで中級家具路線の維持であり，ニトリやIKEAのような低価格帯ではなかったが，父，勝久氏が経営していた時代の高付加価値路線からは路線を変えた。会員制による高級品という高付加価値路線から誰でも利用できる中級家具に路線を変えたことにより，業績は一時的に回復したが，長続きしなかった。再び低迷した。

その結果，2014年7月に娘の久美子氏は，解任されてしまう。その背景には，久美子氏のカジュアル路線に対して創業者の勝久氏が疑問を抱いていたことがある。勝久氏にとっては，自分がやってきたこれまでの方針を，久美子氏に否定されてしまったように感じたのである。このような背景があると同時に久美子氏の経営において営業赤字が生じるようになったことをきっかけに，勝久氏が久美子氏に辞任を迫り，自身がトップに就任してしまったのである。

しかし，その半年後，壮大な「父娘喧嘩」が繰り広げられた。2015年2月25日に父が記者会見をおこない，プロキシーファイトを表明した。プロキシーファイトとは，株主が株主総会において自らの株主提案を可決させるため，議決権行使にかかる他の株主の委任状を，会社の経営陣あるいは別の立場の株主と争奪する多数派工作のことである。日本語では委任状闘争，委任状争奪合戦などと訳される。

父のプロキシーファイト表明に対して，2015年2月26日，「創業者中心の組織を変える」と娘が反撃した。久美子氏は「会社を持続的に成長させるには創業者中心の組織を変える必要がある。今こそ体制転換がスムーズに進むタイミングだ」と述べ，父である勝久氏のプロキシーファイトに応じることになった。

3月27日株主総会，久美子氏61％，勝久氏36％で娘が勝利した。今度は娘の久美子氏が父の勝久氏を辞任に追い込んだ。これにより，久美子氏が代表取締役に返り咲いたのである。

この「お家騒動」の結果，大塚家具のブランドイメージが著しく下落し，業績が落ちるという事態に陥った。このようなお家騒動が発生した家具店の家具を購入したいと思う方がいるだろうか。家具は，結婚を機に購入するとか，新居購入を機に購入するという縁起物である。お家騒動が起きた家具店の家具は避けるのが普通の感覚である。その結果，2017～2019年まで3期連続の赤字，継続企業の前提の疑義が生じる事態にまで陥ったのである。具体的には，2017年から44億円，51億円，53億円と3期連続の大幅経常赤字となっている。無借金経営で2015年12月には109億円あった現金預金もどんどん減少していき，2018年には18億円まで減少した。赤字による現金流出を何とか支えていたのが手持ちの有価証券の売却で何とかやりくりしていたというのが実情である。

このような苦境から脱却するために，外部からの資金支援を得ようとするなど迷走の末，2019年2月にヤマダHDと業務提携を実施した。さらに，同年12月にはヤマダが大塚家具に43億円を出資して株式の51％を取得し，ヤマダの子会社として再建を目指した。久美子社長は続投したが，結局，業績悪化には歯止めがかからず，2020年12月に社長と取締役を引責辞任し，ヤマダ電機の三嶋恒夫社長が大塚家具社長を兼務することとなった。

それから半年余りの2021年6月で完全子会社化が決定した。大塚家具は，2021年9月1日付でヤマダ電機などを展開するヤマダホールディングス（HD）の完全子会社となり，上場廃止されることになったのである。ただ，この決定は，大塚家具の業績を見れば，当然のことかもしれない。2021年の決算は，最終損益が23億円の赤字と5期連続の赤字であった。決算書には企業の存続が懸念される「注記」（ゴーイングコンサーン）が引き続き記載されている。なお，大塚家具は2021年11月現在で埼玉県・東京都・千葉県・神奈川県・愛知県・大阪府・兵庫県・福岡県に12店舗（アウトレット含む）を展開している。

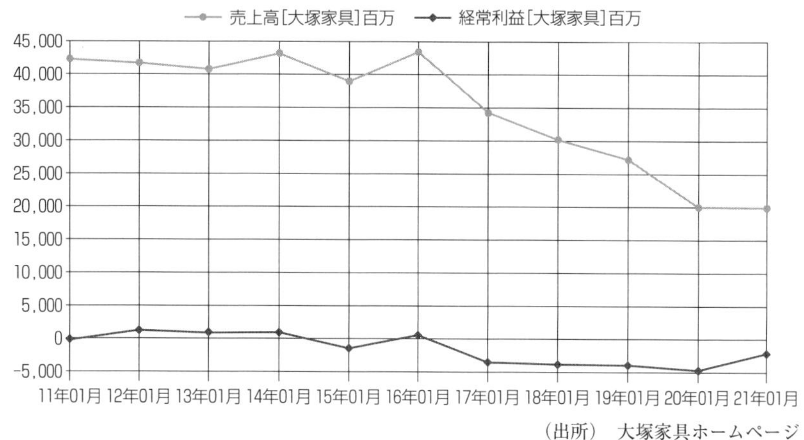

（出所）　大塚家具ホームページ

一方，大塚家具を買収したヤマダ電機はどのような状況にあったのだろうか。そして，43億円の資金を投じて大塚家具を買収した意図は何なのだろうか。

ヤマダ電機は現会長である山田昇氏が1973年に創業し，2021年３月時点で，従業員数が19,985名，店舗数がフランチャイズと海外を含めて12,335店となっており，家電量販店業界１位の企業である。１位に君臨している理由は，家電の元値，つまり現金値引きに強いからである。ポイント還元率も10％となっており，スマホ決済のPayPay（ペイペイ）も利用可能である。現金値引き＋ポイント還元10％＋ペイペイのポイント還元によって，家電を底値で買うことができるのである。このような最安値にこだわる姿勢がヤマダ電機の強みである。

ヤマダ電機の売上推移を調べてみると，2000年頃から急成長していく。そして，地デジ放送移行やエコポイント終了時期の家電買い替え特需の影響によって，売上は増加し続け，2010年には売上が2兆円を超えるレベルに到達した。そして，2011年には2兆1,532億円と過去最高に達した。しかし，それ以降は消費税の増税タイミングでの駆け込み需要で，一時的には売上が回復したが，売上は減少し続け，2011年に2兆1,532億円であったが2017年には1兆5,630億円まで下がっている。2021年も回復力は弱く，売上高は1兆7,525億円にとどまっている。経常利益も，2011年には1,378億円であったが，下降し続け2015年には355億円にまで低下した。その後も2011年のような高い利益の実現はできておらず，2016年に627億円，2017年に660億円と一時的な回復は見られたが，2020年は460億円となっていた。

しかし，2021年は，988億円と2012年に迫るレベルまで回復した。その理由は，新型コロナウイルスの感染拡大に伴う特別定額給付金の支給で家電製品の購入が増えた他，テレワークや巣ごもりに関連する需要が継続したことで，テレビやパソコン，冷蔵庫，洗濯機，エアコン，空気清浄機な

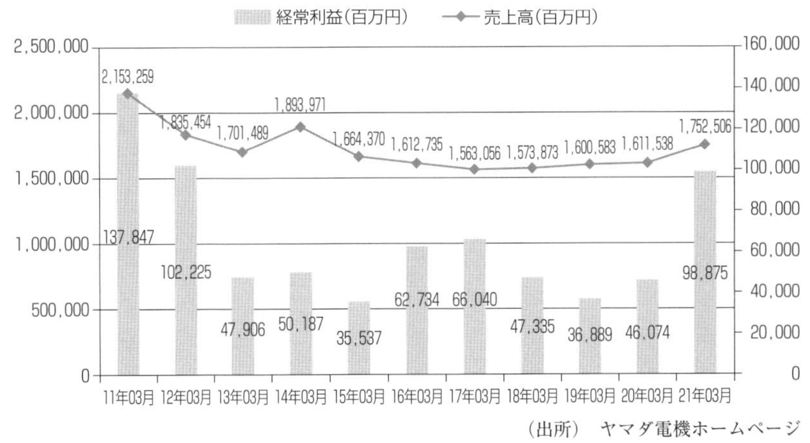

（出所） ヤマダ電機ホームページ

どが想定以上に売れたからである。これはコロナ禍という異常な状態での回復であり，一時的なものである可能性もあるので，今後の推移を見守っていく必要がある。

ヤマダ電機の売上高を同業のヨドバシカメラやビックカメラなどと比較すると，以下の図のようになっている。ヤマダ電機の売上高が低下傾向であるのに対して，ヨドバシカメラやビックカメラは平行線となっている。ヤマダ電機は，ヨドバシカメラやビックカメラとは異なり，郊外型店舗が中心であることから人口減少の影響を受けやすく，販売が伸び悩んでいるのである。この傾向は長期なトレンドと考えられ，抜本的な戦略転換が求められているといえる。

家電量販店の各企業の売上推移

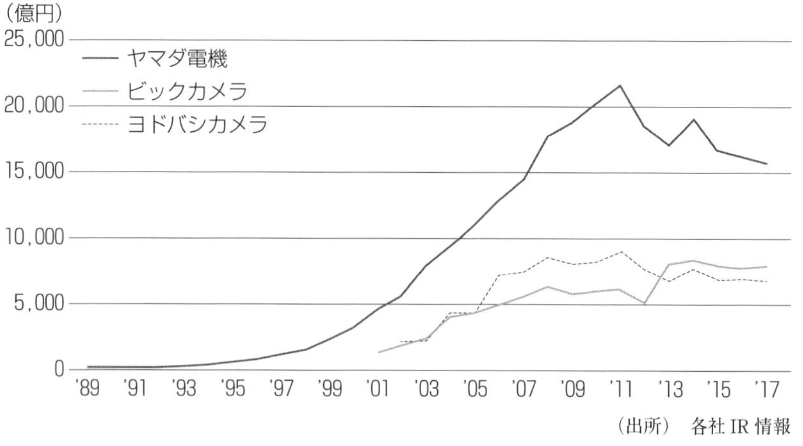

（出所） 各社 IR 情報

また，ヤマダ電機の商品別の2021年３月期の売上比率を見ると，一般家電（テレビ，オーディオ，冷蔵庫，洗濯機など）が59%，パソコン・携帯電話関連が19.6%，住宅・非家電・その他が21.4%となっている。一般家電や情報家電が78.6%となっており，家電に大きく依存したビジネスになっていることが理解できる。

2011年に住宅メーカーであるエス・バイ・エル，2012年に住宅設備機器メーカーのハウステックをM&Aで子会社化し，2021年9月1日付で大塚家具を完全子会社化し，住宅関連事業である「家電住まいる館」を成長させようとしている。「家電住まいる館」とは，ヤマダ電機の新業態で，家電製品はもちろんのこと，住まいのリフォーム，インテリア・家具などをどこよりも安く提供するものである。全国にあるヤマダ電機のお店約900店舗の内300店舗を「家電住まいる館」にリニューアルする予定で進めているという。2021年7月現在では，「家電住まいる館」としてオープン済み店舗は99店舗となっている。今後オープンが決定している店舗が199となっており，予定通りリニューアル計画が進んでいる。しかし，2021年現在，家電系の売上比率が全体の8割弱となっており，まだまだ家電小売事業が主力というのが現状である。今後の「家電住まいる館」の行方を見守っていきたい。

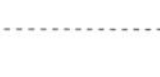

解答例

（設問１）

ヤマダ電機が大塚家具をM&Aで買収し完全子会社化する目的は，住宅関連事業である「家電住まいる館」を成長させるためである。「家電住まいる館」とは，ヤマダ電機の新業態で，家電製品はもちろんのこと，住まいのリフォーム，インテリア・家具などをどこよりも安く提供するものである。全国にあるヤマダ電機のお店約900店舗の内300店舗を「家電住まいる館」にリニューアルする予定で進めているという。2021年７月現在では，「家電住まいる館」としてオープン済み店舗は99店舗となっている。今後オープンが決定している店舗が199となっており，予定どおりリニューアル計画が進んでいる。

ヤマダ電機が，住宅関連事業である「家電住まいる館」を成長させようとする背景には，家電だけに依存した既存のビジネスの限界に直面しているからである。2011年に２兆1,532億円あった売上は減少し続け，2017年には１兆5,630億円まで下がっている。2021年も回復力は弱く，売上高は１兆7,525億円にとどまっている。

このような背景があり，家電だけで稼ぐのではなく，家電製品はもちろんのこと，住まいのリフォーム，インテリア・家具などをトータルで提供する「家電住まいる館」への移行のために，ヤマダ電機は大塚家具をM&Aで買収し完全子会社化したのである。

（設問２）

ヤマダ電機による大塚家具の買収，完全子会社化がうまくいくかどうかを考えるにあたって，ここでは組織的な視点で考える。組織的な視点の切り口として，「組織文化」という概念を取り上げる。その理由は，組織文化を用いることが，本ケースの買収の成否を考える上で最も意義のある分析ができると考えるからである。

まず，組織文化の定義を述べる。組織文化とは，「各個別企業の構成員が共有しているすべての意思決定基準やそれを具現化した行動パターン，およびそれらによって具象化された創造物」である。

よって，ヤマダ電機，大塚家具の持つ組織文化の違いを乗り越えて，2つの文化がうまく融合できれば，今回の買収，完全子会社化がうまくいくと考えることができる。以下に，これができるかどうかの分析をしていく。

問題文に「会員制による高級品という高付加価値路線から誰でも利用できる中級家具に路線を変えた」という記載があるとおり，大塚家具はもともと高級家具専門店で，それを中級家具に戦略を変えた。一方，ヤマダ電機は，問題文に「最安値にこだわる姿勢がヤマダ電機の強みである。」という記載があるとおり，低価格戦略を採用している。

両社は，価格面での戦略が異なっているのである。中価格帯を扱う大塚家具と低価格帯を扱うヤマダ電機では，「各個別企業の構成員が共有しているすべての意思決定基準やそれを具現化した行動パターン」はまったく違うものである可能性が高い。この違いをうまく融合させて，両社の社員が共通の意思決定基準やそれを具現化した行動パターンを持つことができるような組織文化を構築することができるかどうかが，今回のM&Aの成否を決める要因となっている。

今回のケースは，ヤマダ電機による大塚家具の買収，完全子会社化であるため，大塚家具の従業員が自分たちの文化の放棄に意欲的であり，ヤマダ電機の文化を魅力的と感じるならば，双方の文化の違いを乗り越えて，うまく統合することができる。

それができるかどうかであるが，問題文には，「久美子社長は続投したが，結局，業績悪化には歯止めがかからず，2020年12月に社長と取締役を引責辞任し，ヤマダ電機の三嶋恒夫社長が大塚家具社長を兼務することとなった。」とある。創業家（久美子氏）が社長と取締役を引責辞任したことによって，久美子氏の意地を張る経営から解放され，大塚家具としては，新たな文化を受け入れる土壌ができていると考えることができる。

以上から，ヤマダ電機，大塚家具の持つ組織文化の違いを乗り越えて，２つの文化がうまく融合できるので，今回の買収，完全子会社化はうまくいくと考えられる。

解　説

ヤマダ電機による大塚家具の買収に関しては，兵庫県立大学大学院社会科学研究科で出題されている。本買収は，ヤマダ電機の多角化戦略の１つである。多角化戦略という点では，京都大学経営管理大学院でも出題されている。また直接的な出題ではないが，M&Aに関する知識をもとに解答する問題は，東京都立大学大学院経営学研究科，早稲田大学大学院経営管理研究科で出題されている。M&Aは現在の企業経営において重要な戦略の１つであるので，MBA受験生には押さえておいていただきたいトピックである。

設問１に関しては，問題文に「本文の内容を踏まえて500字程度で論じなさい」とあるように，本文の内容をもとに解答すればOKである。問題文を読んで，自分なりにヤマダ電機が大塚家具をM&Aで買収し完全子会社化する目的について論じればいいのである。そのため特に解説は不要だと思われるので，設問１に関しては，解答例をご自身で確認していただきたい。ここでは設問２について詳しく解説する。ヤマダ電機による大塚家具の買収，完全子会社化がうまくいくかどうかを考えるにあたって，組織的な視点と戦略的な視点で分析する。この２つの視点からの分析をもとに，ヤマダ電機による大塚家具の買収の成否を導き出す。

1　M&Aと組織文化

組織的な視点で，ヤマダ電機による大塚家具の買収，完全子会社化がうまくいくかどうかを考える際の切り口として，ここでは「組織文化」という概念を取り上げる。組織文化を取り上げる理由は，組織文化という概念を用いることが，本ケースの買収の成否を考える上で最も意義のある議論だと考えるからである。

まず，組織文化とは何か。組織文化の定義を述べる。飯田（1995）では9種類の組織文化の定義を提示している。その中で筆者が最も妥当と考える定義である「各個別企業の構成員が共有しているすべての意思決定基準やそれを具現化した行動パターン，およびそれらによって具象化された創造物」を組織文化の定義として採用して議論を進めることにする。

問題文に「会員制による高級品という高付加価値路線から誰でも利用できる中級家具に路線を変えた」という記載があるとおり，大塚家具はもともと高級家具専門店で，それを中級家具に戦略を変えた。一方，ヤマダ電機は，問題文に「最安値にこだわる姿勢がヤマダ電機の強みである。」という記載があるとおり，低価格戦略を採用している。

両社は，価格面での戦略が異なっているのである。中価格帯を扱う大塚家具と低価格帯を扱うヤマダ電機では，先の組織文化の定義で述べた「各個別企業の構成員が共有しているすべての意思決定基準やそれを具現化した行動パターン」はまったく違うものである可能性が高い。中価格帯では，1人ひとりの顧客にホスピタリティの高い接客をする必要があるが，低価格帯の量販店ではこのようなホスピタリティは必要ない。この違いから仕事上の意思決定基準や顧客に対する行動パターンなどは異なるものである可能性が高い。この違いをうまく融合させて，両社の社員が共通の意思決定基準やそれを具現化した行動パターンを持つことができるような組織文化を構築することができるかどうかが，今回のM&Aの成否を決める要因となっている。

では，以下に，Cartwright and Cooper（1993）のM&Aと組織文化に関するフレームワークをもとに，本ケースのM&Aがうまくいくための条件を導き出す。

Cartwright and Cooper（1993）によると，M&Aにおける組織と個人の文化変容の様相とその潜在的結果には，以下の図のような関係があるということである。

M&Aにおける組織と個人の文化変容の様相とその潜在的結果

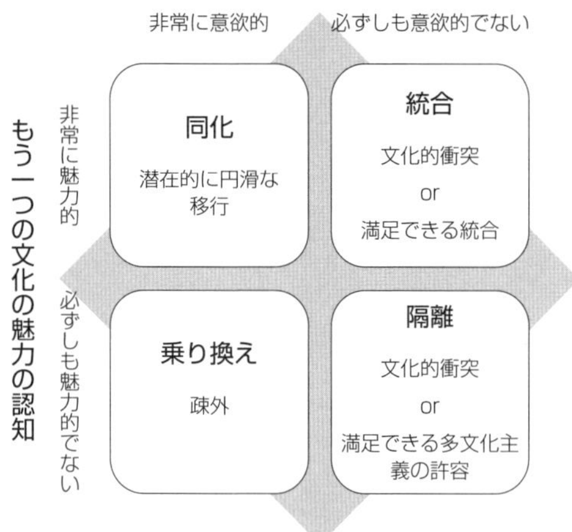

（出所） Cartwright and Cooper（1993）

上図は，横に「従来の文化を放棄する従業員の意欲」をとっている。本ケースの場合は，大塚家具の従業員が自分たちの持つ文化を放棄する意欲が高いか低いかによって決まってくる。縦は「もう一つの文化の魅力の認知」をとっている。本ケースの場合は，大塚家具の従業員がヤマダ電機の文化を魅力的と認知するかそうでないかによって決まってくる。

大塚家具の従業員が自分たちの文化の放棄に意欲的であり，ヤマダ電機の文化を魅力的と感じるならば，「同化」となる。同化とは，被取得（被吸収）側の組織構成員が，自己の組織文化を意欲的に放棄し，取得（吸収）側の組織文化に吸収されるということである。取得側は「文化剥奪」をおこなうことになるが，被取得側の抵抗があれば，隔離が発生する。それに対して，取得側は，抵抗する者の排除によって，隔離を避けようとする。

大塚家具の従業員が自分たちの文化の放棄に意欲的であるが，ヤマダ電機の文化を魅力的と感じないならば，「乗り換え」となる。乗り換えとは，被取得側の組織構成員が，従来の組織文化に不満を持っていたが，取得側の新しい組織文化にもなじめない状態を意味しており，結果として，混乱や疎外が生じる。

大塚家具の従業員が自分たちの文化の放棄に意欲的ではないが，ヤマダ電機の文化を魅力的と感じるならば，「統合」となる。統合とは，２つの組織文化の良い点が現れるような理想的組織文化の創出である。そのためには，元の組織文化の変化と均衡が必要であるが，２つの文化の衝突の可能性が少なくない。

大塚家具の従業員が自分たちの文化の放棄に意欲的ではなく，また，ヤマダ電機の文化も魅力的と感じないならば，「隔離」となる。同化や統合への被取得者の抵抗により生じる別居状態である。文化的衝突や凝集性の欠如が生じる。

以上，Cartwright and Cooper（1993）のM&Aと組織文化に関するフレームワークをもとに，ヤマダ電機による大塚家具の買収を説明した。結論としては，「同化」の状態に至れば，文化の統合は円滑に移行できるということである。よって，大塚家具の従業員が自分たちの文化の放棄に意欲的であり，ヤマダ電機の文化を魅力的と感じるならば，ヤマダ電機の大塚家具の買収はうまくいくと考えることができる。逆に，これができなければ文化統合はうまくいかずにヤマダ電機の大塚家具の買収はうまくいかないということになる。

そこで，本ケースをもとに，「大塚家具の従業員が自分たちの文化の放棄に意欲的になるか」という点と「大塚家具の従業員がヤマダ電機の文化を魅力的と感じるか」という点について考えてみる。

前者に関しては，問題文に「久美子社長は続投したが，結局，業績悪化には歯止めがかからず，2020年12月に社長と取締役を引責辞任し，ヤマダ電機の三嶋恒夫社長が大塚家具社長を兼務することとなった。」とある。創業家（久美子氏）が社長と取締役を引責辞任したことによって，久美子氏の意地を張る経営から解放され，大塚家具としては，新たな文化を受け入れる土壌が出来ていると考えることができる。後者に関しても，従来の大塚家具の文化を放棄したならば新たな文化を受容したいという欲求が従業員には芽生えると予想されるため，比較的容易にヤマダ電機の文化を受け入れることができると考えることができる。

以上から，組織的な視点からは，ヤマダ電機による大塚家具の買収，完全子会社化はうまくいくと考えることができる。

なお，MBA 入試の研究計画書における研究テーマ設定で，M&A と組織文化の関係について興味のある方は，本解説部分で使用した Cartwright and Cooper（1993）は役に立つはずである。以下に，正式な文献名をお伝えするので，国会図書館に行って探してみていただきたい。

Cartwright, S. and C. L. Cooper（1993）, "The Role of Culture Compatibility in Successful Organizational Marriage," *Academy of Management Executive*, 7-2.

2　M&A とポジショニング

戦略的な視点で，ヤマダ電機による大塚家具の買収，完全子会社化がうまくいくかどうかを考える際の切り口として，ここでは「ポジショニング」を取り上げる。

ポジショニングとは，「位置取り」のことであり，企業を取り巻く競争環境の中で，「他社と違うところに自社を位置づけること」である。簡単にいうと，「他社と違ったことをする」，これがポジショニングである。

ポジショニングが異なることから，消費者のそれぞれの企業ブランドに関するイメージは出来上がっている。このようなブランドイメージが出来上がっている中で，ヤマダ電機の新業態である「家電住まいる館」での家電製品，住まいのリフォーム，インテリア・家具などをどこよりも安く提供することが実現できるのだろうか。

ヤマダ電機と大塚家具のポジショニングを以下に示した。

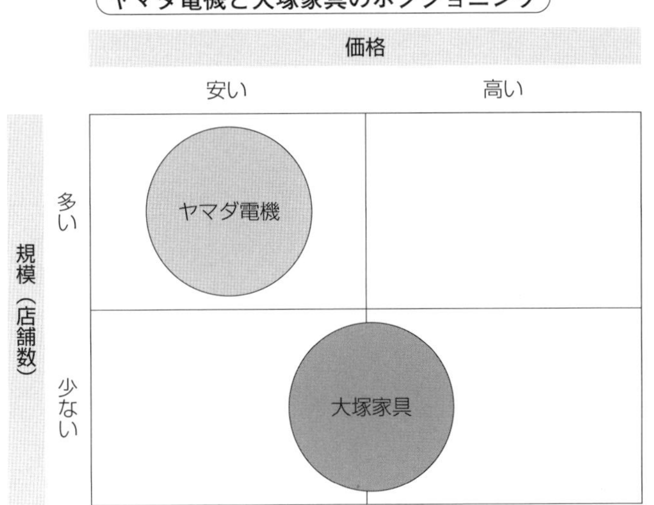

縦軸には，規模（店舗数）をとった。全国で900店舗を展開し，どこにでもあるイメージのヤマダ電機に対して，大塚家具は全国で12店舗と極めて少なくなっている。横軸は価格をとった。業界最安値を目指す低価格戦略のヤマダ電機に対して，大塚家具は中価格帯となっている。

このまったく異なるポジショニングを乗り越えて，ヤマダ電機の新業態である「家電住まいる館」に大塚家具をうまく統合することができるのだろうか。

そのカギになるのは，大塚家具が，大塚家具ブランドを捨て，ヤマダ電機家具部門になることができるかどうかである。大塚家具はヤマダ電機に吸収されたわけだから，価格帯はヤマダ電機に合わせることになる。これは大塚家具が志向したかった高級・中級家具路線よりもコスパ重視にシフトすることを意味する。つまり「大塚ブランド」は実質的には有名無実化に向かい「ヤマダ電機家具部門」として消費者に受け止められるようになる。これが大塚家具にできるかどうか，という点がカギになるわけである。

この点に関しては，先の組織文化の部分でも説明したが，創業家（久美子氏）が社長と取締役を引責辞任したことによって，久美子氏の意地を張る経営から解放され，大塚家具としては，新たな戦略を受け入れる土壌が出来ていると考えることができる。

よって，戦略的な視点からも，ヤマダ電機による大塚家具の買収，完全子会社化はうまくいくと考えることができる。

3　まとめ

以上，組織的な視点，戦略的な視点から，ヤマダ電機による大塚家具の買収，完全子会社化について筆者の考えを述べてきた。ヤマダ電機が目指している姿は，「家電住まいる館」にて，家電製品はもちろんのこと，住まいのリフォーム，インテリア・家具などをトータルで提供する「家屋備品のワン・ストップ・ショッピング」である。ワン・ストップ・ショッピングとは，さまざまな商品を１つの商業施設で買い揃えることである。例えば，食事の支度をするために，近所の商店街の八百屋や果物屋などを買い物して回るのではなく，総合スーパーマーケット１店ですべての買い物を終えるような購買行動のことである。

家屋備品のワン・ストップ・ショッピングができる店舗は，引っ越しや新婚の新居などで家具と家電を一気に決定できる店舗として相応の需要がある。というのは，家具を選ぶ際は，家電との色調を考えて選ぶ場合が多く，家具，家電のコーディネートを１つの店舗でしたいというニーズは存在するからである。また，家具と家電をまとめて購入できれば消費者としては利便性も高まるし，まとめ買いによる値引きやポイントの付与などの特典も消費者には魅力的になる。一見違うジャンルでありながら，家屋備品という捉え方で，同じ売り場に陳列することのメリットは思った以上に大きいと考えられるのである。そのため，ヤマダ電機による大塚家具の買収，完全子会社化はうまくいくと考えられるのである。

本解説の最後に，ポジショニングの違いによって，２つの事業のイメージ的な相違が生まれてしまい失敗した事例を紹介する。ここまで説明してきたヤマダ電機による大塚家具のM&Aは，結局，ヤマダ電機のポジショニングに大塚家具が従う形でポジショニングの統一が図られることにより成功すると予想した。ただ，ポジショニングの統一が図られないと失敗するということを知っておくことは国内MBA入試の小論文対策としては重要である。そこで，ファーストリテイリングの野菜事業を例にポジショニングの相違による失敗事例を紹介する。

ユニクロを運営するファーストリテイリングは2002年に野菜の生産・販売事業「SKIP」を展開した。隔週ごとに旬の野菜やフルーツの詰め合わせが宅配されてくるサービスである。全買上げ契約を農家と結び，時間をたっぷりかけた栄養度の高い高品質な野菜を提供するため，金額は少し高めになるが，物流コストを下げることでプレミアム価格までには到達しないように調整をした。しかし，わずか１年後の2003年６月期の決算で９億円以上の赤字を出し，2004年３月に撤退することとなったのである。

なぜ，ファーストリテイリングは野菜事業に失敗したのか。それは，ファーストリテイリングの運営する「ユニクロ」と「SKIP」のブランドのポジショニングに乖離があったからである。ファーストリテイリングのユニクロは「高品質・低価格」というポジショニングである。それに対し，野菜事業では「高品質・少し高い価格帯」という違ったポジショニングを取ったのである。

「ユニクロ」と「SKIP」のポジショニングの違い

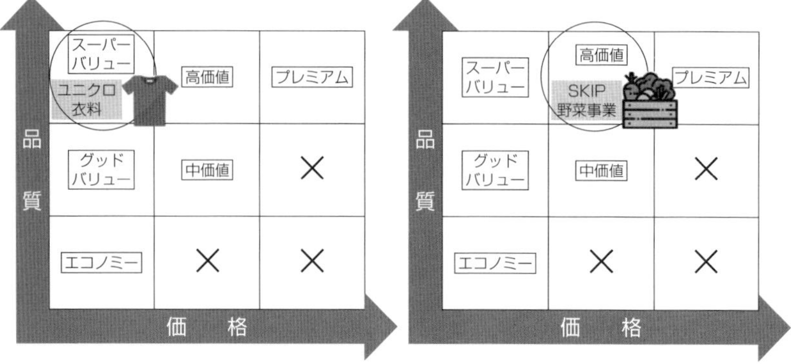

（出所） 株式会社イノーバのホームページ

問題３：小売業の競争戦略

以下のウインドミル・ストアに関するケースを読んで，設問に答えなさい。
（制限時間：120分）

（設問）

あなたはウインドミル・ストアからコンサルティングを依頼された外部のコンサルタントである。依頼目的は，売上高減少，利益減少に歯止めをかけ，売上高，利益ともに向上させることである。

コンサルタントとして，ウインドミル・ストアに対する提案をすることになった。あなたなら，どんな内容の提案をするか。本ケースの内容を経営戦略やマーケティング戦略のフレームワークや考え方を用いて分析し，提案内容を２つ挙げて，合計2,000字程度で述べなさい。なお，この２つの提案は，同時に実行可能な２案とする。例えば，１つの案を経営戦略的な視点で提案し，もう１つの案を組織戦略的な視点で提案するというものである。

ウインドミル・ストア
1967年設立
地方の地域密着型の総合スーパーマーケット
資本金3,000万円
売上高約70億円（2021年３月期）
従業員数：350人
事業内容：生鮮食品，一般食品，酒類，日用家庭雑貨などを扱うスーパーマーケット
店舗数：７店舗

ウインドミル・ストアは，小林佳樹氏が始めた小さな八百屋が創業の原点である。1977年に，食料品（生鮮食品，一般食品）・酒類・衣料品・服飾品・住居関連品にわたる総合小売業の形態に移行し，2021年現在では，ある地方の中規模な市に拠点を置き，７店舗を展開するチェーンストア企業となっている。現在でも小林佳樹氏が社長を務めている。

その小林社長の悩みは，近年の売上高の減少，そして営業利益の減少である。特に，2021年３月期の売上は，新型コロナウイルスの影響による外出自粛の影響もあってか，前年比マイナス14%となっている。今後，仮に新型コロナウイルスが収束したとしても，コロナ前の状況に戻るのか不確実な状況下で悩みがつのっている。さらに，そもそもの状況として，ここ数年は，売上が徐々に低下しているのである。新型コロナウイルスの流行前の売上も年々低下しているという状況であった。具体的な売上の推移を，2016年～2021年まで示すと，以下の表のようになっている。

この売上高の減少の原因を，小林社長は役員と議論したが，結果は以下のようなものであった。

１つ目の原因は，若年層は低価格戦略の大手スーパーに車で買い物に行き，ウインドミル・ストアを利用しなくなっているということである。ウインドミル・ストアから車で10～20分の場所に，大手のスーパーマーケットが売場面積18,000㎡，駐車場の収容台数1,500台という郊外型のショッピングセンターを数年前にオープンさせ，車を積極的に使う若者は，価格の安さに引かれて，そちらを利用するようになってしまったのである。

2つ目の原因は，上記の1点目と重複する部分があるが，ナショナルブランド商品の売上高の減少傾向が顕著であることである。ナショナルブランド商品とは，全国的に知れわたっているメーカーブランドのことを指し，大手家電メーカーや大手食品メーカーなどが開発して，全国に販売している商品のことである。例えば，日清食品のカップヌードル，大塚食品のボンカレー，ハウス食品のジャワカレー，キッコーマンの醤油，カルビーのポテトチップス，雪印メグミルクの北海道バター，キユーピーのマヨネーズ，キリンの一番搾り生ビールなどがナショナルブランド商品である。

大手スーパーとウインドミル・ストアでは，ナショナルブランド商品の仕入れ価格に大きな差があり，ウインドミル・ストアがそこで競争力を発揮することは難しい。というのは，ナショナルブランド商品は，仕入れ量の多い大規模スーパーがバイイング・パワーを発揮し，低価格で仕入れることが可能なために，当然のことながら販売価格もウインドミル・ストアとは比較にならないほどの低価格で販売している。そのため，ナショナルブランド商品の売上が減少しているのである。

3つ目の原因は，大手スーパーのプライベートブランドの圧倒的な低価格商品に太刀打ちができないことである。大手スーパーは2つ目の理由で説明したとおり，ナショナルブランド商品を低価格で販売しているが，それ以上に低価格を実現し，若い消費者を取り込んでいるのが，この大手スーパーのプライベートブランド商品である。プライベートブランド商品とは，小売店や流通業者，卸売業者など，本来自分たちでは商品を企画，生産しない業態の企業が独自に展開している商品のことである（主に企画，開発，製造，販売などをおこなっている）。商品の企画や開発はおこなうものの，製造に関してはナショナルブランドを提供しているメーカーと一緒になって進めていくことが多い。例えば，大手スーパーのイオンのプライベートブランドである「トップバリュ」がある。トップバリュは，ナショナルブランドと比較して圧倒的な低価格を実現している。商品の一例を紹介すると，レトルトのカレーは一人前78円，ポテトチップスは一袋68円，納豆（45ｇ×３個）は68円，国産米（５kg）は1,530円，マーガリン入りバターロール（４個）は88円と格安となっている。

また，2021年は，先に説明したとおり，新型コロナウイルスの影響による外出自粛が売上減少の大きな原因となっている。

上記のとおり売上高が減少しているが，営業利益（これは損益計算書の営業利益を指す）も減少している。

この営業利益の減少の原因に関しても，小林社長は役員と議論したが，結果は以下のようなものであった。

１つ目は，2017年に情報システムに投資し，減価償却費がかかっているためである。当面は減価償却費がかかるため，営業利益を圧迫する要因となってしまう状況である。ウインドミル・ストアは，小林社長の方針があり，現場主義を貫いてきた。情報システムなどに頼ることなく，現場の社員の顧客とのつながりをベースに商売をしてきた。これが間違っていたわけではないが，ベテラン社員が定年退職で辞めてしまうと，顧客を失ったり，契約農家との関係性に変化が出てきたりと，いろいろな問題が発生していることを小林社長が知ったのである。そこで，POSなどの情報システムを導入することにしたのである。導入されたシステムは最先端技術を搭載したものであるが，ウインドミル・ストアには，この情報システムをまだ使いこなせるような仕組みができていない。

2つ目が，先の1つ目に関連するが，情報システムを使いこなすことができる人材の採用のために採用コストがかかっている。また，既存の従業員に情報システムを使いこなせるようにするための教育にもお金がかかっている。ウインドミル・ストアは，地方に拠点を置く総合スーパーであるため，情報技術に関するスキルを持つ人材を採用するのは容易ではない。都心の企業がIT人材を採用するのとは大きく異なり，採用は困難を極めている状況である。ただ，現在は，新型コロナウイルスの影響でテレワークが進み，必ずしも都心に住居を構える必要がなくなり，Uターン就職やIターン就職を希望する若手が多く，情報システムを使いこなすことができる人材の採用がうまくいきそうな状況にある。

このように近年は低迷状況にあるウインドミル・ストアであるが，社歴は54年になるので，当然のことながら強みも保有している。

1つ目の強みは，生鮮食品（鮮魚，精肉，野菜，果物）の鮮度と安定的な商品供給の仕組みである。

ウインドミル・ストアでは，山梨や長野等全国20ヵ所に計370ヘクタールの契約農場を有している。それら契約農場で収穫する青果は，産地から旬の野菜や果物を最短で直送する「ウインドミル旬の直送便」という，一種のブランド品として販売されている。また，「ウインドミル地元の産直市」として，地元の農家1,000軒以上が会員になり，ウインドミルの店舗に産直コーナーを設置している。

ウインドミル・ストアでは，鮮魚部門にも力を入れ競争力を高めてきたが，その競争力は地方卸売市場との緊密な関係によって支えられている。地方卸売市場は昨今，品物が中央卸売市場に流れてしまうことや，仲卸の事業環境の悪化等によって機能が低下してきているといわれている。そんな中で，ウインドミル・ストアは，県内の４つの魚市場（地方卸売市場）から毎日大量に仕入れ，地方卸売市場を買い支えて相場の下落を防ぎ，市場からの高い信頼を獲得している。こうして築いた信頼関係によって，不安定になりがちな鮮魚流通において，安定した仕入れを実現しているのである。なお，こうした信頼関係は，ただ「大量に仕入れている」ことのみで実現できている訳ではない。ウインドミル・ストアの場合，社員が自ら市場に足を運び，競りにも参加し，市場関係者と日常的に対話を繰り返すことで，今の関係を築いてきたという点も重要だと考えられる。

ウインドミル・ストアの生鮮食品は大人気で，開店と同時に並んでいる商品が売り切れることもある状況である。

２つ目の強みは，バイヤーが県内を駆け回り，隠れた逸品・話題の商品を探し出すことにより実現している「地元の人には人気だが全国レベルではない」商品を開拓・販売していることである。ウインドミル・ストアでは，他店ではなかなか扱っていない魅力的な商品を多数揃えており，それを目当てに訪れる顧客も多い。他店で取り扱っていない魅力的な商品を揃えて来店動機を作ること自体は大手スーパーなどでも一般的におこなわれているが，ウインドミル・ストアの場合，県内の中小規模の生産者や食品メーカーとの付き合いを大切にしている点が特徴的である。ウインドミル・ストアが取り扱っている「こだわり商品」は，単なる「高級商品」とは異なっている。例えば，全国的に有名な高級ブランドの商品等であれば大手スーパーでも扱えるし，デパートなどとも競合してしまうため，他店との差別化には役立たない。そこでウインドミル・ストアでは，「地元で愛されている商品」や，「中小規模の生産者・食品メーカーの商品」など，大手スーパーなどの競合他社が目を付けていない商品，大手スーパーが扱うのが難しい商品を重点的に取りそろえているのである。

こちらの地元の魅力的な商品も，大人気商品が多く，入荷と同時に売り切れる商品も多くなっている。

上記の生鮮食品や他店では扱っていない魅力的な商品に関しては，中高年だけでなく，若者にも人気があり，若者は生鮮食品だけウインドミル・ストアに買い物に来る方も多くいる。

3つ目の強みは，ウインドミル・ストア独自のポイントカードの地元住民の保有率の高さである。ウインドミル・ストアでは，ポイントプログラムを導入しており，45歳以上の地元住民という視点で見ると，保有率は60%という驚異的な高さとなっている。中高齢者だけという弱点はあるが，逆に見れば中高齢者への普及率は非常に高くなっている。このポイントプログラムは，ウインドミル・ストア独自の強みである。ただ，情報システムを導入したばかりなので，大手のスーパーやコンビニエンスストアなどでおこなわれている顧客の購買データを分析して，それを活用してマーケティング活動に活かすというレベルには達していない。この点を，今後の課題として解決していくために，先に説明したとおり，情報技術に長けた人材の採用，育成をおこなっている最中である。

本ケースは，以下の文献を参考・引用して作成した。

日本政策金融公庫総合研究所（2015）「中小地場スーパーの生き残りをかけた取り組み～地域の「要」として愛され続ける中小企業の経営戦略とは～」日本公庫総研レポート　No. 2015-5

解答例

提案内容の１つ目は，ポジショニングの明確化である。現状のウインドミル・ストアのポジショニングを，マイケル・ポーターの３つの戦略をもとに考えると，ナショナルブランド商品を扱うという点では，コスト・リーダーシップ戦略を採用したいのだろうが，それが機能していないことが読み取れる。生鮮食品などに力を入れているという点で差別化戦略を採用しているといえなくもない。ということで，現状のウインドミル・ストアのポジショニングは，コスト・リーダーシップ戦略とはいえないが，差別化戦略ともいい切れないポジショニングがあいまいな状況になっている。

そこで，ウインドミル・ストアの強みにフォーカスした差別化戦略というポジショニングを確立すべきだと提案する。具体的には，生鮮食品（鮮魚，精肉，野菜，果物）と「地元の人には人気だが全国レベルではない」商品を中心に売場を展開すべきである。大手スーパーが得意とする価格志向の商品（ナショナルブランド商品）の販売割合をあえて絞り込み，生鮮食品（鮮魚，精肉，野菜，果物）と「地元の人には人気だが全国レベルではない」商品の割合を増やしていくのである。さらに，買い物という行為を楽しめる店作りに努め，純粋な価格勝負とはならない売場作りを実現するのである。例えば，商品の構成を「上（品質が高く高価格）」，「中（品質が高くお値打ち価格）」，「並（品質が並程度で低価格）」と分けるとすれば，ウインドミル・ストアは，「上」と「中」に力を入れて，構成比率は上，中，並が２対６対２程度をイメージするのである。

提案内容の２つ目は，導入した情報システムを利用したリレーションシップ・マーケティングの実施である。リレーションシップ・マーケティングとは，顧客との関係を構築して優良顧客になってもらうことにより，顧客の生涯価値（Life Time Value）を最大化するマーケティング手法である。

顧客との長期的な関係構築の手段としては，顧客への「層別対応」がある。層別対応とは，顧客をA・B・Cといった形で，いくつかのランクに分類し，その分類された層別に対応を変えていくものである。この層別対応の手法として「RFM分析」がある。

RFM分析とは，3つの指標であるRecency（いつ購入したか），Frequency（どの程度の頻度で購入しているか），Monetary（いくら購入したか）の頭文字を取った分析法である。この3つの指標を用いて顧客をグループ分けすることにより，消費者一人ひとりに合わせた販売戦略を実施できるようになる。最終目的は，先の顧客生涯価値を最大化することにある。

Recencyは，顧客の購入データのうち，「購入日時」からその顧客が最後に商品を購入したのはいつかを抽出し，その時期によって顧客をグループ化する。最終購入日が近い顧客のほうが，何年も前に購入した顧客より良い顧客だと考える。

Frequencyは，購入頻度からグループ分けをするもので，購入頻度が高い顧客ほど良い顧客だと考えて分類する。この値が高い顧客が多いなら常連顧客が多く，低い顧客が多いなら商品やサービスに満足していない顧客が多い可能性があるといったことが把握できる。

Monetaryは，購買履歴から購買金額の総額を計算して，グループ分けをするもので，金額が大きいほど良い顧客だと考えて分類する。

RFM分析を行う際，通常は，Recency，Frequency，Monetaryそれぞれを，3～5つのグループに分ける。例えば，それぞれを5つのグループに分けた場合「5×5×5」になるため，全部で125個のグループになる。この中で，最も効果が高いと思われるグループや，効果を出したいと考えているグループを抽出することになる。

グループの抽出ができたら，次は各グループに応じたマーケティング施策を企画し，実施していく段階に入る。例えば，直近購入がない休眠顧客グループには，メールやSNSで新商品やキャンペーンの情報を送ることが考えられる。Recency，Frequency，Monetaryのすべてが高いロイヤル顧客グループには，ポイントカードで，特定の期間だけポイントを3倍付与したり，生鮮食品でその時期にしか食べられない数量限定の旬の食材の優待価格での紹介，地元の名産品でその時期だけに販売される限定品の紹介など，特別感を感じさせる対応をすることで，競合他社への流出を防ぐことが考えられる。

以上のような形で，ポジショニングを明確にしたうえで，情報システムを用いて，顧客一人ひとりのニーズを捉えたリレーションシップ・マーケティングを実施することで，ウインドミル・ストアの優良顧客を増やして，売上高，利益の向上を図る。

解　説

本問題のようなケースを用いた小論文の出題があるのは，早稲田大学大学院経営管理研究科である。本問題は，同大学院の過去問をもとに筆者が作成した。早稲田大学大学院経営管理研究科を受験する方は，このようなケースを用いた問題が出題される可能性はあるので，以下の解説をお読みいただき，対策を講じていただきたい。

本問題のようなケース系の問題への対応策としては，MBA で学ぶ基本的なフレームワークや経営理論を知っておくことである。入試問題として出題されるケース問題は，それほど難しい問題ではない。今回の問題も，問題文を読めば，経営学の基本的なことを理解している方なら，比較的簡単に解答できたのではないかと思われる。早稲田大学大学院経営管理研究科の過去問も，今回出題した問題と同レベルのものであるので，経営学の基本的なことを理解していれば問題はない。本解説では，経営学の初心者向けに，経営戦略論の基本的なフレームワークとして「３つの戦略」について説明する。また，IT を用いたマーケティング戦略を考える際の考え方として，リレーションシップ・マーケティング，CRM，RFM 分析，ワンツーワン・マーケティングについて説明する。これらの知識があれば，本ケース問題は理想的な解答ができるので，ぜひ知っておいていただきたい。

1 「3つの戦略」を用いたポジショニング分析

本ケースを読むと，ウインドミル・ストアの売上高が低迷している原因は，ナショナルブランドやプライベートブランドを圧倒的な低価格で販売する大手スーパーに，顧客を奪われていることである。特に，ウインドミル・ストアでもかなりの売り場面積を設けて販売しているナショナルブランド商品の売上が低下しているのが，大きな要因である。ナショナルブランド商品は，仕入れたものをそのまま売るだけなので利益率は非常に低く，仕入れ量の大きな大規模スーパーには太刀打ちできないのである。ウインドミル・ストアにとって重要なことは，圧倒的な規模と低価格で勝負する大手スーパーとは違ったことをする必要があるということである。

この点を「3つの戦略」というフレームワークを使って整理する。3つの戦略とは，コスト・リーダーシップ戦略，差別化戦略，集中戦略である。このうち，集中戦略は，コスト集中戦略と差別化集中戦略の2つに分類される。図示すると，以下のようになる。

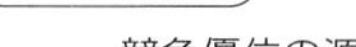

（出所） M.E. ポーター（1995）『新訂 競争の戦略』ダイヤモンド社

3つの戦略のフレームワークは，縦軸に，競争の範囲として，ターゲットを広くするか，狭くするかで分類する。ターゲットの幅を広くするということは，老若男女すべての人をターゲットに商品・サービスを売り出すことであり，ターゲットを狭くするというのは，特定の人だけ（例えば，高収入で都会に住む人）をターゲットに商品・サービスを売り出すということである。

横軸は，競争優位の源泉を，低コストにするか，差別化にするかで分類する。低コストとは，「同じ商品を提供するなら，安く提供できるほうが競争に勝利する」という考え方であり，差別化とは，「多少価格は高くても，それ以上に価値があるものを提供すれば競争に勝利する」という考え方である。

この3つの戦略のうち，大手スーパーが採用している戦略は，コスト・リーダーシップ戦略である。大手スーパーは，圧倒的な規模を武器にバイイング・パワーを発揮して，ウインドミル・ストアには実現できないような低価格での仕入れが可能になる。そのため，ウインドミル・ストアが追随できない低価格設定が可能になるのである。そして，老若男女すべての人をターゲットに低価格商品を，商品・サービスを販売しているのである。

バイイング・パワーとは，企業が商品の買い手として支配的な地位にある場合に有する，供給者から有利な条件を引き出す交渉力のことである。大手スーパーは支配的な地位にあるので，食品メーカーから有利な条件（低価格での仕入れ）を引き出す交渉力を持っているのである。

2つの軸でマトリックス図を作成し，自社の位置づけ，競合他社の位置づけを考えることをポジショニングという。大手スーパーは，3つの戦略のフレームワークでは，コスト・リーダーシップ戦略というポジショニングを採用していることになる。

では，ウインドミル・ストアの現状はどのポジショニングなのか。3つの戦略をもとに考えてみる。ナショナルブランド商品を扱うという点では，ウインドミル・ストアもコスト・リーダーシップ戦略を採用したいのだろうが，それは無理である。なぜなら，大手スーパーのようなバイイング・パワーがないからである。ウインドミル・ストアが創業した1967年から1990年ごろまでは，経済成長があり，消費者の給与も増えていたので，価格に対する意識がそれほど高くなかったため，以前はナショナルブランド商品も売れていた。しかし，現在のように経済成長がなく給与が増えない時代には，価格に対する意識が高くなり，ウインドミル・ストアでは，以前のようにナショナルブランド商品が売れなくなっているのである。そのため，ウインドミル・ストアが，1990年代のような意識でナショナルブランド商品を販売していても，それは明らかな戦略ミスなのである。ということで，現状のウインドミル・ストアのポジショニングは，コスト・リーダーシップ戦略とはいえないが，差別化戦略ともいい切れないポジショニングがあいまいな状況になっている。

そこで，本ケースに記載されているウインドミル・ストアの強みにフォーカスした戦略を考え，ポジショニングを明確にすべきだといえる。それは，生鮮食品（鮮魚，精肉，野菜，果物）と「地元の人には人気だが全国レベルではない」商品を中心に売場を展開すべきなのである。ケースにも書かれているが，生鮮食品や他店では扱っていない魅力的な商品に関しては，中高年だけでなく，若者にも人気があり，若者は生鮮食品だけウインドミル・ストアに買い物に来る方も多くいる，ということなので，ターゲットは狭くせずに，広くとって問題はない。

ただ，大手スーパーが得意とする価格志向の商品（ナショナルブランド商品）の販売割合をあえて絞り込み，生鮮食品（鮮魚，精肉，野菜，果物）と「地元の人には人気だが全国レベルではない」商品の割合を増やしていく。さらに，買い物という行為を楽しめる店作りに努め，純粋な価格勝負とはならない売場作りを実現するのである。具体的には，商品の構成を「上（品質が高く高価格）」，「中（品質が高くお値打ち価格）」，「並（品質が並程度で低価格）」と分けるとすれば，ウインドミル・ストアは，「上」と「中」に力を入れて，構成比率は上，中，並が2対6対2程度をイメージするのである。低価格なナショナルブランド商品も廃止するのではなく，扱い量を大幅に減らすのである。

このように大胆に自社のポジショニングを変える必要がある。３つの戦略のフレームワークを用いるならば，「差別化戦略」のポジショニングを実現する。差別化戦略とは，顧客が認知する他社の製品・サービスの価値に対して，自社の製品・サービスの認知上の価値を増加させることである。付加価値の高い商品を提供するスーパーになるのである。大手スーパーのように「仕入れたものをそのまま売る」商売ではなく，「仕入れたものを自社で手間をかけてから売る」付加価値の高い商売にポジショニングを変えるのである。

ウインドミル・ストアのポジショニング

競争の範囲 ＼ 競争優位の源泉	低コスト	差別化
広いターゲット	コスト・リーダーシップ戦略 （大手スーパー）	差別化戦略 （ウインドミル・ストア）
狭いターゲット	コスト集中戦略	差別化集中戦略

（出所） 筆者作成

2　情報技術を活用したリレーションシップ・マーケティング

情報技術を活用することによって，企業は一人ひとりの顧客のニーズに合致した情報発信ができるようになり，顧客との関係性構築がしやすくなったという点について説明する。一人ひとりの顧客のニーズに合致した情報発信というと，アマゾンのリコメンデーション機能が代表的である。皆さんもアマゾンで書籍を購入したことがあればわかると思うが，アマゾンから送られてくるリコメンデーションの内容は，自分のニーズに合致した書籍となっている。これはアマゾンで，一人ひとりの顧客の過去の購買履歴を分析して，その分析結果をもとに，この顧客はこういった分野の書籍に興味を持っているということを予測してリコメンデーションしているのである。こういった顧客一人ひとりにきめ細かな対応ができるようになったのは情報技術（IT）のおかげである。情報技術の進歩は企業におけるマーケティングに大きな影響を及ぼしている。ここでは，情報技術の進歩によって可能になったマーケティング手法であるリレーションシップ・マーケティングについて説明する。

2－1　リレーションシップ・マーケティングとは

リレーションシップ・マーケティングとは，顧客との関係を構築して優良顧客になってもらうことにより，顧客の生涯価値（Life Time Value）を最大化するマーケティング手法である。1人の顧客がある企業と取引を始めてから，その企業と取引しなくなるまでの期間を「顧客ライフサイクル」という。顧客の生涯価値（Life Time Value）とは，ある顧客が顧客ライフサイクルの間に「その企業にどれだけの利益をもたらしたか？」を累計したものである。

このリレーションシップ・マーケティングが注目される背景には，市場における競争が激化し，商品を販売したら終わりという従来のような売切り型のマーケティングでは，継続して安定した利益を確保することが難しくなっているという点がある。このような状況下で，企業は顧客の視点をより重視し，ニーズに合った商品・サービスを提供すると同時に，購入後も顧客の満足度を高めるためのフォローをして，長期的かつ良好な関係（リレーション）を築く必要が出てきたのである。長期的に顧客との関係を築いて，その間に，たくさん企業で買い物をしてもらって，できるだけその顧客から売上や利益を大きくしようという考えである。

2－2　CRMとは

リレーションシップ・マーケティングを実行していく上で欠かせないマーケティング活動が「CRM（Customer Relationship Management）」である。CRMとは，その名のとおり，「顧客関係のマネジメント」である。CRMの基本的な考え方は，顧客との接点を適切に管理し，優良顧客を囲い込むことで，顧客の生涯価値を高め，企業の収益を向上させることである。

CRMの事例として，化粧品の「ドモホルンリンクル」で知られる再春館製薬所を紹介する。再春館製薬所は，熊本に本社を置く化粧品・医薬品の製造・販売事業者である。販売ルートはテレビ等を使った通信販売が中心である。デパートでの店舗販売（全国に5店舗）もおこなっているが，これはドモホルンリンクルを，ご自身の目で見て，手で触れて，実感していただくための場である。通信販売では実現できなかった実際の使用体験の場であり，販売ルートはあくまでも通信販売が中心である。通信販売では，テレビで広告を打った後の顧客接点はコールセンターのみとなる。したがって，再春館製薬所では，コールセンターにおける顧客とのコミュニケーションを重視している。

まず，電話対応する職種を従来の「コミュニケーター」ではなく，「お客様プリーザー」と呼んでいる。お客様を喜ばせる人・喜びを与える人，という意味である。再春館製薬所が，この職種を最重要視している表れである。また，お客様プリーザーが電話対応する際に利用するシステムの「画面」にも工夫が施されている。その画面は，開いた瞬間に，「どこのお客様だろうか」「いつも買ってくれているお客様だろうか，それとも久しぶりのお客様だろうか」「前回はどんなことがあったお客様だろうか」といったことを，会話が始まる前にわかるようにしようと考え，作られている。例えば，着信後，最初に表示される画面においては，「43歳のお客様で，この1年間でどのくらい購入されていて，熊本県に住んでいて，過去の1年間の購入は主にファクシミリやインターネットで買っている」といった情報が表示されるようになっている。実際には顔の見えない顧客をできるだけイメージできるような情報をお客様プリーザーに見せることで，円滑なコミュニケーションをおこなえるようにしているのである。そして，そこで行われた会話の内容は詳細に記録する仕組みが出来ており，次回以降のコミュニケーションに役立てられるようになっている（飯野，2011）。

再春館製薬所は，顧客との接点であるコールセンターを適切に管理し，優良顧客を囲い込むことで，顧客の生涯価値を高め，企業の収益を向上させているのである。

2－3 「層別対応」と「個別対応」

CRMでの顧客との長期的な関係構築の手段としては，大きく分けて「層別対応」と「個別対応」がある。層別対応とは，顧客をA・B・Cといった形で，いくつかのランクに分類し，その分類された層別に対応を変えていくものである。個別対応とは，顧客一人ひとりに対応を変えていくもので，この考えに基づくマーケティング活動が「ワンツーワン・マーケティング（One to One Marketing）」である。どちらのマーケティング活動も，情報技術を利用してこそ実現できるものである。

ここでは，層別対応として用いられる手法である「RFM分析」と個別対応の「ワンツーワン・マーケティング」について説明する。

2－3－1 層別対応の手法である「RFM分析」

RFM分析とは，3つの指標であるRecency（いつ購入したか），Frequency（どの程度の頻度で購入しているか），Monetary（いくら購入したか）の頭文字を取った分析法である。この3つの指標を用いて顧客をグループ分けすることにより，消費者一人ひとりに合わせた販売戦略を実施できるようになる。最終目的は，先に説明した顧客生涯価値を最大化することにある。

Recency は，顧客の購入データのうち，「購入日時」からその顧客が最後に商品を購入したのはいつかを抽出し，その時期によって顧客をグループ化する。最終購入日が近い顧客のほうが，何年も前に購入した顧客より良い顧客だと考える。例えば，前回の購入が１週間以内であればランクA，１か月以内であればランクBといった形でグループ分けして，分類された層別に対応策を変えていく。

Frequency は，購入頻度からグループ分けをするもので，購入頻度が高い顧客ほど良い顧客だと考えて分類する。この値が高い顧客が多いなら常連顧客が多く，低い顧客が多いなら商品やサービスに満足していない顧客が多い可能性があるといったことが把握できる。分類する際には，例えば，これまでに30回以上購入している顧客ならランクA，20回以上ならランクBのようにおこなう。

Monetary は，購買履歴から購買金額の総額を計算して，グループ分けをするもので，金額が大きいほど良い顧客だと考えて分類する。分類する際には，例えば，過去に合計30万円以上の購入歴があればランクA，25万円以上ならランクBのようにおこなう。

RFM 分析を行う際，各値のいくつからいくつまでを１つのグループとするのかは，マーケターが設定することになる。通常は，Recency，Frequency，Monetary それぞれを，３～５つのグループに分ける。例えば，それぞれを５つのグループに分けた場合「５×５×５」になるため，全部で125個のグループになる。これは数が多すぎて，すべてのグループに合わせたマーケティングを考えるのは非常に難しい。そのため，最も効果が高いと思われるグループや，効果を出したいと考えているグループを抽出することになる。

グループの抽出ができたら，次は各グループに応じたマーケティング施策を企画し，実施していく段階に入る。例えば，直近購入がない休眠顧客グループには，メールやSNSで新商品やキャンペーンの情報を送ることが考えられる。Recency，Frequency，Monetaryのすべてが高いロイヤル顧客グループには，ポイントカードで，特定の期間だけポイントを3倍付与したり，生鮮食品でその時期にしか食べられない数量限定の旬の食材の優待価格での紹介，地元の名産品でその時期だけに販売される限定品の紹介など，特別感を感じさせる対応をすることで，競合他社への流出を防ぐことが考えられる。

RFM分析をおこなう上で重要なのは，抽出した各グループに対して単発のマーケティング施策を繰り返すことではない。顧客を，長期的にコンスタントな購入が見込めるファンやロイヤル顧客へと，育成していく視点が重要である。

2－3－2　個別対応の手法である「ワンツーワン・マーケティング」

最後に，個別対応の「ワンツーワン・マーケティング」について説明する。ワンツーワン・マーケティングとは，一人ひとりの消費者のニーズや購買履歴に合わせて，個別に展開されるマーケティング活動である。もともとは，老舗旅館がおこなってきた顧客一人ひとりに合わせた「おもてなし」が代表例となっていたが，最近では情報技術（IT）の進歩によって煩雑な作業がなくなり，自動化しておこなうことができるようになったため一般に普及し始めた。顧客一人ひとりに違うクーポンを配信したり，異なったWebページを表示する施策をしたりすることで，購買率や顧客継続率の向上が見込めるのである。

代表的な事例が，先にも触れたがアマゾンのリコメンデーション機能である。アマゾンは，顧客の過去の購買履歴をクラスター分析という統計的な手法によって自動的に分析し，一人ひとりの顧客のニーズに合致した書籍を推薦しているのである。蓄積されたデータを自動的に統計解析しているという点で，まさに情報技術の進歩によって可能になったマーケティング手法であるといえる。すべての顧客に同一の対応をする従来型のマス・

マーケティングと対照的なマーケティング手法である。

ワンツーワン・マーケティングとマス・マーケティングの違い

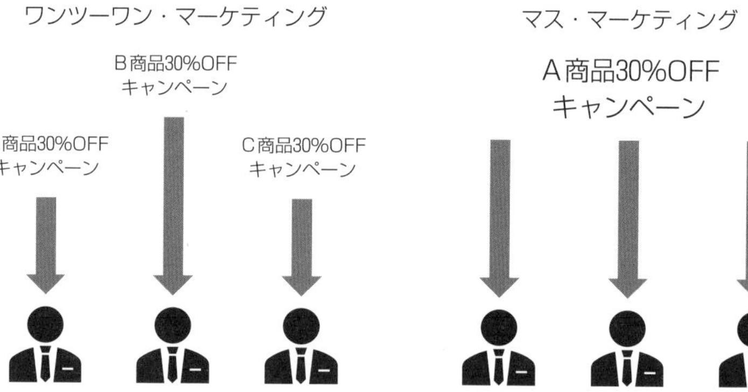

ワンツーワン・マーケティング

マス・マーケティング

B商品30%OFF
キャンペーン

A商品30%OFF
キャンペーン

A商品30%OFF
キャンペーン

C商品30%OFF
キャンペーン

（出所）筆者作成

問題４：新規学卒者の離職率と日本的経営

以下の文章は，新規学卒者（大卒）の３割が，３年以内に会社を辞める原因について書かれたものである。本文章を読んだ上で，設問に答えなさい。（制限時間：120分）

（設問）

新規学卒者（大卒）の３割が，３年以内に会社を辞める原因について，日本の雇用慣行，日本企業の人材マネジメントの在り方などをもとに，自分なりの切り口を２点設けて，その２点について1,300字程度で論じなさい。解答にあたっては，日本の雇用慣行の視点でも，日本企業の人材マネジメントの在り方の視点でもどちらでもよい。２つの視点から述べてもかまわない。

厚生労働省は2020年10月30日，新規学卒就職者の離職状況（2017年３月卒業者の状況）を公表した。大卒者の就職後３年以内の離職率は32.8%で，前年より0.8ポイント増加。高卒者の約４割，大卒者の約３割が就職後３年以内に離職する傾向がここ数年続いている。

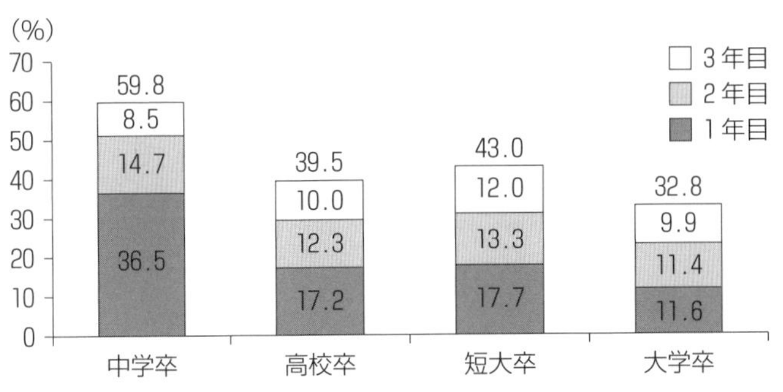

（出所）　厚生労働省：新規学校卒業就職者の在職期間別離職状況

新卒採用の現場では，入社後３年以内に離職することを「早期離職」と定義している。2010年に「青少年雇用機会確保指針」が改正され，少なくとも学校卒業後３年間は新卒採用枠での応募を可能とする措置が要請されたことが背景だとされている。上図のとおり，厚生労働省では「新規学卒就職者の離職状況」の中で，新卒社員が就職後３年以内に離職する率（離職率）を毎年公表している。

大卒の離職率を，事業所規模別にみると，「1,000人以上」26.5%，「500～999人」29.9%，「100～499人」33.0%，「30～99人」40.1%，「５～29人」51.1%，「５人未満」56.1%。事業所規模が小さいほど離職率は高く，事業所規模が大きいほど離職率は低い傾向にある。

また，産業別で就職後３年以内離職率が高いのは，「宿泊業・飲食サー

新規学卒者就職率と就職後３年以内離職率

就職後３年以内離職率に影響を及ぼす要因の一つとして卒業時の就職環境があり，
これを反映して新規学卒者就職率が低い（就職環境が厳しかった）年は，離職率が高くなる傾向がある。

【大学】

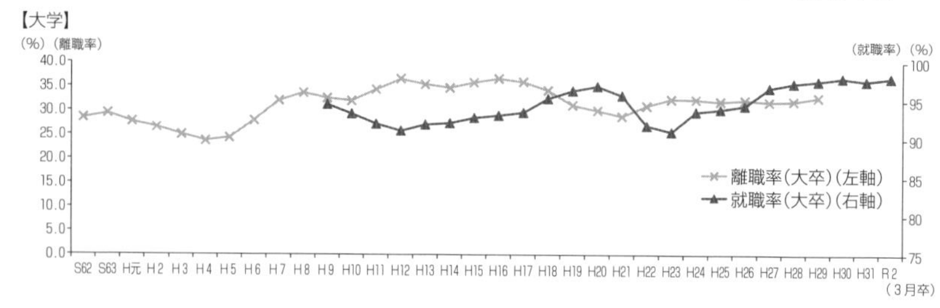

【高校】

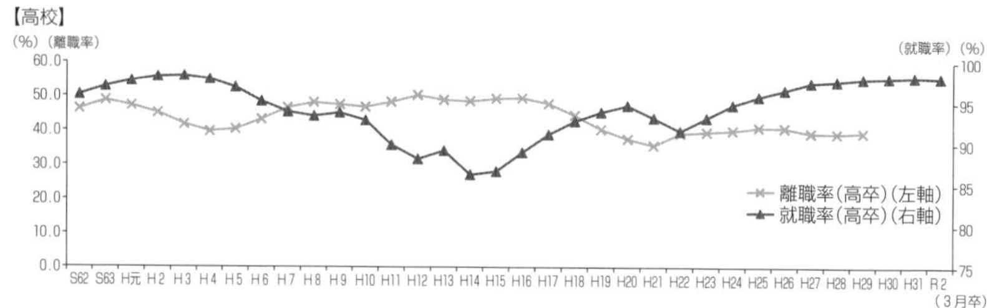

※　各年の離職率の数値は，当該年の新規学校卒業者と推定される就職者のうち，就職後３年以内に離職した者の割合を示しています。

※　高校の就職率は，就職を希望する者全員を調査対象としている文部科学省発表の数値を使っています。

（出所）　厚生労働省「新規学卒就職者の離職状況（平成29年３月卒業者の状況）」

ビス業」の52.6%，次いで「生活関連サービス業・娯楽業」46.2%，「教育・学習支援業」45.6%，「小売業」39.3%，「医療・福祉」38.4%。一方，離職率が低いのは，「電気・ガス・熱供給・水道業」11.4%，「鉱業・採石業・砂利採取業」14.0%，「製造業」20.4%，「金融・保険業」24.8%など。産業によっても大きな差があった。

この離職率の高い状況は，上図のとおり，ここ数年に始まったことではない。大卒の3年以内の離職率は，平成8年には30%を超えており，その後は，ずっと30%を超えた状態が続いている。

では，このような離職率が高い原因は何なのだろうか。厚生労働省の平成30年雇用動向調査結果によると，20～29歳までの男女の退職理由として，以下のものが上位を占めている。

1位：労働時間，休日等の労働条件が悪かった
2位：給料等収入が少なかった
3位：会社の将来が不安だった
4位：職場の人間関係が好ましくなかった
5位：能力，個性，資格を生かせなかった

（出所） 厚生労働省：平成30年雇用動向調査結果の概況

また，内閣府の平成30年版子供・若者白書で公表されている就労等に関する若者の意識でも，初職の離職理由（複数選択可）は以下のような結果となった。

1位：仕事が自分に合わなかったため
2位：人間関係がよくなかったため
3位：労働時間，休日，休暇の条件がよくなかったため
4位：賃金がよくなかったため

5位：ノルマや責任が重すぎたため

（出所） 内閣府：特集 就労等に関する若者の意識

上記2つの調査結果に共通する理由は，「労働時間，休日等の労働条件が悪かった」「給料等収入が少なかった」「職場の人間関係が好ましくなかった」である。

これら3つの要因を詳しく見ていくと，労働時間や休日に関しては，長時間労働や休日出勤に対する不満が見られた。労働条件は入社前に求人票や雇用契約書で明確にされているが，残業や休日出勤を指示される可能性を十分理解している従業員は，新卒・既卒を問わず一定数しか存在していないのが現実である。入社をして，実際に配属されるまでは，労働時間の長さに気づくことができない。新入社員の中には，思っていたより労働時間が長く，自分のプライベートな時間が減ってしまうことを不満に思っている人も多いのが現状である。

給料等に関しては働く時間に対して給料が安いという不満が見られた。入社から半年あるいは1年以上が経過し，昇給やボーナス査定（人事評価）の対象になり始める時期から，賃金を理由とする早期離職者が増え始める。この時期は，業務の成果が明らかになり始めることもあり，より高い給与が提示される企業で，第二新卒として再スタートを目論む人も存在するようである。若者に生の声を聞くと，「もっと給与が良いと思っていた」「辛い思いをして働いた割に，給与があまり良くない」という回答が多い。最初の数年はほとんどが勉強期間なので，給与がもらえるだけでありがたいという考えは若者には通用しないのかもしれない。

職場の人間関係という点では，上司からの一方的な指示に納得がいかなかったことをキッカケに関係が悪化した，指示された仕事への意義が見出せなかった，という不満が見られた。昭和世代の上司にとっては，「職場にはいろいろな人がいる」「その程度のことで退職するのは我慢が足りない」「どんな人とでもやっていかないといけないのが社会人の厳しさだ」

といった声もあるかと思うのだが，現在の若者には昭和世代の考えは通用しなくなっている。

解答例

厚生労働省，内閣府による調査において共通の離職理由としてあげられている「給料等収入が少なかった」が生じる原因は，日本企業の年功型賃金という慣行がある。日本企業の賃金体系は年功型になっているので，若い時の賃金は低くなっている。仮に，高い成果を出したとしても，それが賃金に反映されることはない。例えば，新卒で入社し，その年に稀に見るような高い成果を出したとしても，年収が1,000万円を超えるようなことはない。年功が基本となっているため，上記のような不満が生じ離職してしまうのである。

年功型賃金制度の下での従業員は，若い時は生産性に対して過小支払いの期間が続く。生産性に対して賃金が少ない。それが中高年になると，過大支払いを受けるようになる。生産性に対して賃金が高くなるのである。このアンバランスな交換関係が，従業員と企業の間に存在しているのが年功型賃金である。

この年功型賃金では，中高年になるまでは賃金の過小支払いが続く。そのために，若年層は「給料等収入が少なかった」という不満が生じ離職するのである。

次に，厚生労働省，内閣府による調査において共通の離職理由としてあげられている「職場の人間関係が好ましくなかった」が生じる原因について，日本企業の部門主義組織による人材マネジメントという視点から説明する。

部門主義組織を説明する前に，米国で行われている職位（職務）主義組織について概要を確認する。米国に代表される個人主義文化の国の組織は，職務を定義して，定義された職務に対して，人を配属させるという形態をとる。「人」よりも「職務」を先に検討するという考え方である。この仕組みにおいては，最小業務分担単位は個人である。

これに対して，日本では，公式の最小業務分担単位が個人ではなく，一定の組織単位になっている。組織単位で運営されるため，日本的な組織運営の在り方を，部門主義組織と呼んでいる。そして，公式の最小業務分担単位は，伝統的に「課」であるのが普通である。例えば，人事課，総務課などの「課」のことである。組織単位である「課」の内部の業務分担は，長（課長）が代表となって，構成員の経験と能力（これらの総称が「年功」）を勘案しておこなわれる。経験豊かな高能力者には困難で負担の大きな仕事が，未経験の低能力者には軽易で負担の小さな仕事が与えられる。

米国型の職位主義組織においては，仕事と人の関係が明確になっているので，自分が何をするのかという点は最初から明確になっている。しかし，日本型の部門主義組織では，組織メンバーの業務分担は課長がおこなう。そのため，自分がやりたい仕事であるかどうかに関係なく，経験や年齢で仕事が割り振られる。

このような環境下では，自分がやりたい仕事を任せてもらうために，課長に忖度するようになる。自由な発言ができなくなる。また，課長側も，業務分担をおこなう権限を与えられていることを既得権益と考えるようになる。そうすると，自分の考えに背くような発言をする人にはやりがいのある仕事を任せるようなことをしないという不利益待遇をするようになる。このような仕事と人との関係性が不明確な中で，課長に対する忖度をする社員が重宝されるようになり，それに背く人は排除される傾向になり，離職理由としてあげられている「職場の人間関係が好ましくなかった」ということが生じるのである。

解　説

本問題は，日本企業の雇用慣行についての出題である。日本企業の雇用慣行は，多くの大学院で出題されている。例えば，京都大学経営管理大学院，東京都立大学大学院経営学研究科では，年功型賃金が出題され，一橋大学大学院経営管理研究科では終身雇用が出題されている。また，神戸大学大学院経営学研究科，兵庫県立大学大学院社会科学研究科，法政大学大学院イノベーション・マネジメント研究科では，日本型雇用の特徴を説明する問題が出題されている。このように日本企業の雇用慣行に関しては，多くの大学院で出題されており，今後も出題が予想される分野である。

1　年功型賃金による見えざる出資

設問の新規学卒者（大卒）の３割が，３年以内に会社を辞める原因について，日本の雇用慣行をもとに考えてみる。

厚生労働省，内閣府による調査において共通の離職理由としてあげられている「給料等収入が少なかった」が生じる原因は，日本企業の年功型賃金という慣行がある。日本企業の賃金体系は年功型になっているので，若い時の賃金は低くなっている。仮に，高い成果を出したとしても，それが賃金に反映されることはない。例えば，新卒で入社し，その年に稀に見るような高い成果を出したとしても，年収が1,000万円を超えるようなことはない。年功が基本となっているため，上記のような不満が生じるのである。

日本的経営の特徴である年功型賃金であるが，この慣行が企業に根付いており，なかなかこの慣行を廃止することができないのには理由がある。それは，日本企業の従業員は，企業に対して「見えざる出資」をしているからである。この見えざる出資を回収するためには，長い年月が必要となるために，なかなか年功型賃金を廃止できないのである。

ここでは，日本企業において，どうして年功型賃金が根付いているのかご理解いただくために，伊丹敬之，加護野忠男（2003）『ゼミナール経営学入門』をもとに，見えざる出資という概念を説明する。

1－1　見えざる出資

日本的経営の特徴としてあげられるのが，終身雇用と年功序列である。年功型の賃金のもとで，終身雇用で働く人々は，企業に対して見えない出資をしている面があるといわれている。株主と同じように，働く人々もまた出資者である可能性があるのである。それは従業員が株式を買うということではない。従業員が年功型賃金のもとで若年時に受け取る賃金が，彼らの生産性よりも低いために，一種の過小支払いの時期がかなり続く。この過小支払い分は，企業の利益留保として企業の中に蓄積され，投資される。その分が従業員の見えざる出資なのである。

見えざる出資のメカニズム

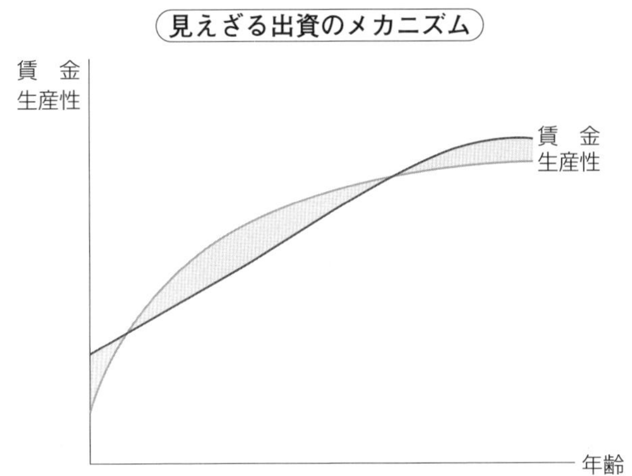

（出所）　伊丹敬之，加護野忠男（2003）『ゼミナール経営学入門』日本経済新聞出版社

年功型賃金は，勤続年数に応じて単調に増加するが，他方，従業員の企業に対する貢献は，年齢とともに変化する。年齢に対応して生産性がどのように変化するかについて，確固たるデータはないが，一般的には以下のような推移をたどると考えるのが妥当である。まず，企業への参加によって，従業員はさまざまな熟練を形成していく。従業員の生産性は，この熟

練の形成と比例している。熟練が，一般的な学習曲線に従うとすれば，熟練に伴う生産性は，勤続年数の増加とともに増えていくが，その増加率は逓減する。他方，常に一定の技術進歩が存在するとすれば，熟練の陳腐化も発生する。勤続年数の増加に伴って，熟練の増加率が一定の率以下に低下すると，熟練の増加率よりも，陳腐化のほうが大きくなり，生産性は低下し始める。つまり，勤続年数と生産性の関係は，ある年齢で生産性がピークに達するというゆるやかなU型の曲線で示されると考えることができる。

一方で賃金が単調に増加し，他方で生産性はある年齢でピークに達するのであれば，年功型賃金は，従業員と企業とのアンバランスな交換関係を含んでいると見なすことができる。このアンバランスを示すのが，上図のアミの部分である。勤続のごく初期の段階を除けば，従業員はある年齢までは自分の生産性以下の支払いしか受けず，その年齢を超えれば生産性を超える賃金の支払いを受けるというアンバランスである。つまり，終身雇用と年功型賃金制度の下では，従業員はまずは短期間過大支払いを受け，ついで過小支払いの期間が続き，最後には，過大支払いを受けるというアンバランスな交換関係が，従業員と企業の間に存在しているのである。

このアンバランスは，従業員と企業の双方にとって重要な意味を持っている。従業員にとっては，これは一種の投資であり年金制度である。若年期の過小支払いは，高年期の過大支払いという形で還付される。この還付を受ける権利は，自由に売買することはできず，企業に勤め続けている限りにおいて確保される。それは従業員が企業に対して拠出した特殊な出資金で一種の人質ともみなせる。従業員は実質的に出資者なのである。このような仕組みが，会社は従業員のものという日本に特有のコーポレート・ガバナンスの考えを支えているのである（伊丹，加護野，2003）。

以上のような見えざる出資を日本企業の従業員はおこなっている。その出資した権利を喪失することはしたくないので，年功型賃金制度は廃止されることなく継続するのである。ただ，若いうちは，賃金が低くても我慢するという年功型賃金に対して，納得できない若者は，まだ出資分が少ないために，離職の道を選ぶ。成果が反映されない年功型賃金に納得できない若者が増加すると，「給料等収入が少なかった」という理由で離職者が出ることはやむを得ないことなのである。

1－2　年功型賃金による見えざる出資の限界

この年功型賃金による見えざる出資が，現在は機能しにくくなっているために，離職者が増えているということがわかる。特に，これから見えざる出資をする若手社員ほど，これらに対して拒否反応を示すと考えられる。

では，年功型賃金による見えざる出資が，現在は機能しにくくなっているということに対する根本的な原因を探ってみたいと思う。そのために，まずは年功型賃金による見えざる出資が機能していた時代のことを振り返ってみる。

年功型賃金による見えざる出資がうまく機能していた時代というと，日本の場合は，1990年代前半のバブル期以前の時代である。この時代は市場が成長し，今ほどグローバル化していたわけではないためライバル企業との競争もそれほどなく，インターネットなどの技術革新も起きていない時代である。経営環境は安定しており，経済も安定して成長していた時代である。このような安定成長を実現できている時代であれば，将来のために今を犠牲にする見えざる出資は有効に機能する。

しかし，現在は，1990年代前半のバブル期以前の時代とはまったく様相が異なる。市場は成熟し，ライバル企業とのグローバル競争が勃発し，技術革新のスピードもかなり速くなっている。経営環境は激変し，経済の成長が少なくなってしまった時代である。このような将来を予測できない時代において，将来のために今を犠牲にする見えざる出資は機能しなくなってしまうのである。

以上からわかるとおり，年功型賃金による見えざる出資は，経済が安定的に成長するという前提があるからこそ成り立つ仕組みであることが理解できる。

また，年功型賃金による見えざる出資が成り立つための２つ目の条件として，「熟練の陳腐化のスピード」という点も考えられる。1990年代前半のバブル期以前の時代までは技術革新のスピードは遅かった。そのため，熟練の陳腐化のスピードも遅かった。熟練はかなりの期間にわたって有効であった。よって，生産性を超える賃金の支払いを受ける過大支払い期間は，それほど長くはなかった。

しかし，現在は技術革新のスピードが速いため，熟練が陳腐化するスピードが速い。中高年とはいえ，IT 技術を用いた熟練を日々ブラッシュアップする必要が出てきた。それに対応できない中高年層は，生産性を超える賃金の支払いを受ける過大支払い期間がかなり長くなるのである。仕事のできない中高年を，若者が見て，「どうしてあの人が，自分よりも給料をたくさんもらっているのだろうか」という疑問を持ってしまうのである。このような状況が生まれてしまうと，年功型賃金による見えざる出資は成り立たなくなってしまう。

以上から，いえることは，年功型賃金による見えざる出資が成り立つためには，①経済が成長している，②熟練の陳腐化スピードが遅い，という２つの条件が必要ということになる。この前提が崩れた現在において，年功型賃金による見えざる出資を維持するのは難しくなっているといえる。

2　部門主義組織による人材マネジメント

次に，厚生労働省，内閣府による調査において共通の離職理由としてあげられている「職場の人間関係が好ましくなかった」が生じる原因について，日本企業の部門主義組織による人材マネジメントという視点から説明する。

部門主義組織を説明する前に，米国で行われている職位（職務）主義組織について説明する。米国に代表される個人主義文化の国の組織は，職務を定義して，定義された職務に対して，人を配属させるという形態をとる。「人」よりも「職務」を先に検討するという考え方である。具体的には，以下のとおりである。

職位主義においては，職務を定義するために，職務記述書（Job Description）を作成する。職務記述書では，求められる成果，責任，能力，守るべき事項などが詳細に記述される。職務記述書が定義されたら，その職務の労働市場価値がどのくらいあるのかを査定し，報酬額が決定される。職務記述書と報酬水準が決まったら，それに合う人材を探し，採用する。採用された人材は，職務記述書に基づいて目標設定をして，業務に取り組む。職務記述書よりも高い実績をあげれば評価され報酬が上がるが，職務記述書よりも低い成果で終わった場合には，報酬が上がらず，下がるまたは，解雇の対象になっていくという仕組みになっている。この仕組みにおいては，最小業務分担単位は個人である。

それに対して，日本では，公式の最小業務分担単位が個人ではなく，一定の組織単位になっている。組織単位で運営されるため，日本的な組織運営の在り方を，部門主義組織と呼んでいる。そして，公式の最小業務分担単位は，伝統的に「課」であるのが普通である。例えば，人事課，総務課などの「課」のことである。組織単位である「課」の内部の業務分担は，長（課長）が代表となって，構成員の経験と能力（これらの総称が「年功」）を勘案しておこなわれる。経験豊かな高能力者には困難で負担の大きな仕事が，未経験の低能力者には軽易で負担の小さな仕事が与えられる。このことは，仕事分担における不均衡を生じるが，あたかも大小さまざまな石が巧妙に組み合わされて強固な石垣を形成するように，「和」を基調とした人間関係による相互補完という運営の妙を通じて，組織としては弾力的で有機的なシステムとなっているのである（森本，2006）。

米国型の職位主義組織においては，仕事と人の関係が明確になっているので，自分が何をするのかという点は最初から明確になっている。しかし，日本型の部門主義組織では，組織メンバーの業務分担は課長がおこなう。そのため，自分がやりたい仕事であるかどうかに関係なく，経験や年齢で仕事が割り振られる。

このような環境下では，自分がやりたい仕事を任せてもらうために，課長に忖度するようになる。自由な発言ができなくなる。また，課長側も，業務分担をおこなう権限を与えられていることを既得権益と考えるようになる。そうすると，自分の考えに背くような発言をする人にはやりがいのある仕事を任せるようなことをしないという不利益待遇をするようになる。このような仕事と人との関係性が不明確な中で，課長に対する忖度をする社員が重宝されるようになり，それに背く人は排除される傾向になり，離職理由としてあげられている「職場の人間関係が好ましくなかった」ということが生じるのである。

また，部門主義組織は，厚生労働省，内閣府による調査において共通の離職理由としてあげられている「労働時間，休日等の労働条件が悪かった」という問題点を生じさせる原因の１つともいえる。具体的には，部門主義組織は，長時間労働を生じさせる原因になるのである。自分の仕事は何か，という仕事と人の対応関係が明確になっていれば，自分の仕事が終われば業務は終了で帰宅すればいい。しかし，部門主義組織の下で，自分の仕事が何かが明確になっていない場合は，いつ課長から仕事を割り当てられるかわからない。そのため業務時間内は，仕事がなくても職場にいなければならない。これは業務時間内であるので，当然のことであるが，業務時間を過ぎても，課長が仕事をしていれば，いつ業務を割り振られるかわからないために，職場に残るケースが多い。課長や先輩社員が職場に残っている限りは，帰りにくい雰囲気があるのである。これを裏付けるデータとして，2021年版の中小企業白書から「長時間労働者の比率（国際比較）」を以下に掲載する。

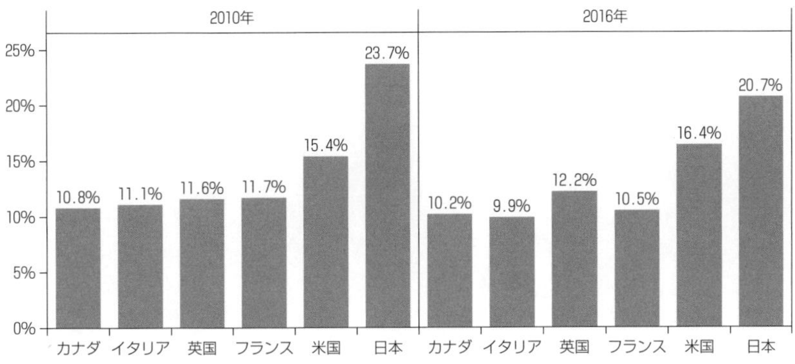

（出所） 2021年版「中小企業白書」

この表のとおり，部門主義組織を採用する日本は，長時間労働者の比率が高いことが理解できる。政府主導による働き方改革の影響で，2010年の23.7％から2016年の20.7％に減少はしているが，諸外国と比較して依然として高い数値であることが理解できる。

問題5：経営理念と組織文化

以下の文章は，ベンチャー企業における経営理念の重要性について述べている。本文章を読んだ上で，以下の2つの設問に答えなさい。
（制限時間：120分）

（設問1）

下線部Aで「会社の成長のために，社員と会社の価値観を共有できるかは非常に重要である」と述べられている。では，なぜ社員と会社の価値観を共有できるかが非常に重要なのだろうか，組織論や組織行動学の考えを用いて900字程度で説明しなさい。

（設問2）

下線部Bで「理念（経営理念）」の重要性を強調しているが，成長するベンチャー企業にとって，なぜ理念は重要なのか。組織論や組織行動学の考えを用いて500字程度で説明しなさい。

成長するベンチャー企業は，言葉や表現は異なるが，社会，業界，社員の行動に対して基本的な価値観を明確に表明する。そこで，ここでは，理念，ビジョン，ミッション，行動指針といった言葉や分類方法にとらわれずに，これらをまとめて，「機能するビジョン」という意味で，理念（基本理念）と名付けることにする。企業の基本的な価値観を表明する文言である。とくに断らない限り，理念とはこの広義の理念（基本理念）を指すこととする。創業したら，まず，理念を作る。理念作りが成長のための第一歩である。ただし，コリンズ&ポラス著の『ビジョナリー・カンパニー』（日経BP社）では，「基本理念は，内側を見つめることにより見つけ出すしかない。」「作り上げることも設定することもできない。」とする。そして，社内でできた基本理念は，「状況が変わって，この基本的な価値観のために業績が落ち込むことがあっても，それを守り抜こうとするだろうか。」という問いに，心からイエスと言えないならそれは基本理念ではないとする。今回の調査企業は，すべて何らかの形で，創業期の初期のビジョンを，その後の成長プロセスを経て，成長に向けた機能するビジョンに変化させている。創業期から成長期に入り，次の成長のために，ビジョナリー・リーダーである創業者と幹部社員，一般社員が一体となって，どんな状況にあっても守り抜こうとする基本的な価値観に結晶させている。『ビジョナリー・カンパニー』に記載される基本理念についての示唆を成長のために実践している。

ここでは，確固たる理念の存在，その結晶化のプロセスと，伝搬のプロセスの存在こそが，成長ベンチャー企業と一般のベンチャー企業の大きな違いである（B）ことを述べる。そして，その理念が，企業の採用戦略と育成戦略の根幹である点こそが．成長ベンチャー企業の際立った違いであることを説明していく。

創業した時から新卒採用を考える

今回の調査で得られた大きな発見の第1は，インタビューした成長ベンチャー企業は，すべて創業の早い段階から新卒採用を実施していることである。これが成長ベンチャー企業の採用戦略そのものである。

ベンチャー企業というと，一般的には，即戦力を期待して中途採用を中心に人材集めを行うと考えられる。しかし，事実は全く異なる。調査した成長ベンチャー企業の多くは，創業2～5年目までに新卒採用を開始している。ここでは，創業当初から，それぞれ異なる理由で新卒採用を実施した代表的な3社の例を紹介する。

リンクアンドモチベーションの例

リンクアンドモチベーションは，創業の翌年から戦略的に新卒採用を実施した例である。1,000万円以上の費用をかけリクナビで学生を集め，創業者である小笹会長による会社説明会を毎週のように実施した。採用部長だと自任する小笹会長は，創業当初からビジョナリー・リーダーとして，自分達の目指すべき方向性や将来像，同社の社会的役割という衝撃を学生に与え新卒採用を成功させ，会社を成長させた。

オプトホールディングの例

オプトホールディングは，戦略性というよりは，採用費用と創業者の方針が理由の例である。社員６～７名の創業３年目の時に新卒採用を実施した。当時，インターネットの募集広告をうまく利用することで，中途採用より安く採用ができた。そして，創業者である鉢嶺社長の，人を増やすことが好きで，利益はよい人材の採用に使うべきという方針が，採用活動によい影響を与え，成長を促進した。

メディアフラッグの例

メディアフラッグも創業の翌年から新卒採用を実施した。しかし，先の２社とは少し勝手が違う。創業１年後に増資に成功し，まとまった資金が入ったこと，他社が新卒採用で成功しているという本を読んだことが大きな理由であった。戦略性もなく，あまり深く考えずに，媒体を利用して募集を行い，面接して新卒採用した例である。しかし，ここで採用した新卒社員が，その後社長の意識を大きく変化させ，企業成長を成功させることになる。

新卒採用は理念とのマッチングがしやすいため

ここで例を挙げた３社の創業者は，それぞれ異なる理由で新卒採用を実施した。リンクアンドモチベーションの小笹会長は，創業の時に新卒採用を戦略的にとらえていた。オプトホールディングの鉢嶺社長は人が好きなこと，インターネットで安価に募集できたことから実施した。メディアフラッグの福井社長は，資金が集まり他社の成功例にならって実施した。

このように新卒採用開始時点での理由は異なる。しかし，成功体験，失敗体験を交えた各社の創業者の話を分析すると，新卒採用の最大の理由は，新卒学生は，中途採用と比べて，会社の価値観や理念とのマッチングのしやすさ，会社とのなじみやすさが高いためであるとわかった。これは，シリコンバレーのハイテクベンチャー企業によるコミットメント型採用に似ている。コミットメント型とは，社員同士の「ビジョンへの共感（愛）」や価値観の相性を重視して採用し，入社したら定年まで働けるような家族的な会社を目指す企業である。

今回調査したベンチャー企業の創業者は全員，会社の成長のために，社員と会社の価値観を共有できるかは非常に重要であると異口同音に述べている（A）。つまり会社と社員の相性を重視する。新卒の学生は，白いキャンバスである。自分達が目指す会社のイメージに学生が共感すれば，同じベクトルで頑張れる。それに対して，転職してきた中途採用者は，前の会社の風土や仕事上のルール，やり方を持ち込んでくる。創業間もないベンチャー企業は組織やルールが整備されていない状態が多く，入社後になんでこんな制度がないのかと文句ばかりが先に出てしまう。

（出所） 早稲田大学校友会ベンチャー稲門会（編）東出浩教（編著）(2018)『ガゼル企業　成長の法則』中央経済社

解答例

（設問１）

会社の成長のために，社員と会社の価値観を共有できるかが非常に重要である１つ目の理由は，社員と会社の価値観が一致していると，離職率の低下，組織へのコミットメントの高まり，といったプラスの影響をもたらすからである。

社員と会社の価値観の一致に関する代表的な研究者として，米メリーランド大学名誉教授であるベンジャミン・シュナイダーがいる。彼は「引き付けられ，選ばれ，辞めずにずっと残る（ASA：Attraction, Selection, Attention）」モデルを開発した。ASA モデルによれば，人は自分の価値観と一致する組織や職務に引かれる傾向がある。要するに，人は自分と似たような価値観を持つ組織に引かれ，とどまる傾向があるということである。そうでない場合には，離職することが多い。

また，カリフォルニア州立大学バークレー校のジェニファー・チャットマン教授も，社員と会社の価値観の一致の研究を長年支持してきた。彼女の研究では，社員と会社の価値観の一致が，社員の組織市民行動（Organizational Citizenship Behavior）と正の関係を持つことがわかった。組織市民行動とは，「社員が報酬などの見返りを求めることなく，組織全体の効率を促進するため，自発的に他者を支援する行動」のことである。役割外行動のひとつといわれており，わかりやすい例を紹介すると，「病気などで休んでいる人の仕事を代わりに行う」「仕事のやりかたがわからず困っている人がいれば自発的に教えてあげる」などがある。社員と会社の価値観の一致が実現している社員は，損得勘定なしに，組織のために尽くすのである。

２つ目の理由は，社員と会社の価値観が一致していると「社会化（socialization）」がうまくいく可能性が高まるからである。会社の持つ価値観というのは，別の言い方をするならば組織文化と言い換えることができる。その組織に入った社員がその会社の組織文化に最初からなじむことができるとは限らない。そこで，組織は新しい社員が組織文化に適用するための支援をして，会社の組織文化に社員を適応させていく。この適応プロセスを「社会化」と呼んでいるが，社員と会社の価値観が一致している場合は，この社会化がうまくいく可能性が高いのである。

（設問２）

成長ベンチャーにとって経営理念が重要な理由は，経営理念が組織文化を形成する源泉になっているからである。組織文化とは，「各個別企業の構成員が共有しているすべての意思決定基準やそれを具現化した行動パターン」である。要するに，組織に埋め込まれた従業員の価値判断基準である。これは組織が日々運営される上で非常に重要な機能を果たす。そのため組織運営上，組織文化の重要性は高いといわれている。

この価値判断基準は，今までにどのように仕事が行われてきたか，そしてそのようなやり方でどの程度成功したかに大きく依存する。それゆえ，組織文化の源は組織の創設者の経営理念である。創設者は組織がどうなるべきかという理念やビジョンを持っている。また物事の進め方やイデオロギーに関して，前の慣習に拘束されることはない。創設者はオリジナルな理念やビジョンを持ち，その考えをどう実施するかについても自分の考えを持っている。創設者の理念とビジョン，そしてその組織の従業員たちが，自分たちの経験から学んだものの相互作用から組織文化は生まれる。このように，経営理念が組織文化を形成する源泉になっている。そのために経営理念が重要といえるのである。

解　説

ヤマダ電機による大塚家具の買収の問題で，組織文化について説明した。組織文化とは，「各個別企業の構成員が共有しているすべての意思決定基準やそれを具現化した行動パターン，およびそれらによって具象化された創造物」のことであった。この組織文化の定義にある「各個別企業の構成員が共有しているすべての意思決定基準やそれを具現化した行動パターン」というのは，どのようにして生み出されるのかを考えると，本問題文の経営者が提示する「経営理念」が元になっていると考えることができる。要するに，組織文化が形成されるためには，経営者が提示する「経営理念」が重要になるのである。

経営理念をもとにして，その理念に共感できる人を採用することにより組織文化はより強固になる。また，採用において，会社の価値観や組織文化に合致する人を採用したとしても，最初から完全に会社の価値観や組織文化になじむことができる人は多くない。そこで，「採用」と同時に組織文化を強化するために必要なことは「社会化（socialization）」である。

ということで，本解説では問題2で説明済みの組織文化をもとに，既存の組織文化を維持するために重要な要因として，「採用」と「社会化」について説明する。次に，組織文化を生み出すにあたって重要となる「経営理念」について説明する。この説明によって，設問1，設問2に解答できる知識が得られる。

なお，ここで説明する「採用」や「社会化」については一橋大学大学院経営管理研究科で出題されており，経営理念に関しては慶應義塾大学大学院経営管理研究科，法政大学大学院イノベーション・マネジメント研究科で出題されている。他の大学院でも，今後出題の予想される分野であるので，上記以外の大学院を受験する方も，しっかり解説を読んでおいていただきたい。

1 組織文化の維持

最初に，組織にはその組織特有の文化が存在するが，その組織文化は，どのようにして維持されていくのかについて説明する。

組織文化がいったん定着すると，その組織内では，従業員に類似した経験を共有させることで定着した文化を維持するような働きかけをするようになる。例えば，採用の方法，業績評価基準，報酬制度，研修およびキャリア開発活動および昇進手順は，その会社の従業員が組織文化に合致し，その組織文化を支持する場合に報酬を与え，組織文化に合致せず支持もしない場合には罰則（時には排除）を与えるように作用する。組織文化を維持するためには，特に3つの要因が重要な役割を果たすといわれている。それは採用の方法，トップ・マネジメントの行動，社会化の方法である。ここでは，採用の方法，社会化の方法の2つについて詳しく説明する。

1－1 採用の方法

採用の目標は，知識・スキル・能力を有し，その組織でうまく職務を遂行できる個人を見極めて雇うことである。応募者が採用人数を上回るような場合に，誰が採用されるかという最終決定は，その応募者が組織にどれだけ合っているかという採用担当者の判断に大きく影響される。採用に関して，このような採用担当者の主観的な側面を無視することはできない。組織に合致した人材を採用しようという試みは，結果的に組織が持つ価値観と共通の価値観を持つ応募者を選ぶことになる。また，採用プロセスの中で，応募者にその組織の情報が会社説明会や先輩社員からの説明で提供される。自分の価値観と組織の価値観に違いを感じる応募者は，自ら応募を取りやめるかどうかを選択できる。

このように，会社の採用においては，結局，その組織の持つ価値観と似通った価値観を持つ応募者が採用されるということが起きるが，これは組織行動学の「個人－組織適合（person-organization fit）」という研究領域で研究されていることである。

個人－組織適合の代表的な研究者として，米メリーランド大学名誉教授であるベンジャミン・シュナイダーがいる。彼と同僚は「引き付けられ，選ばれ，辞めずにずっと残る（ASA：Attraction, Selection, Attention）」モデルを開発した。ASAモデルによれば，人は自分の価値観と一致する組織や職務に惹かれる傾向がある。例えば，Cable and Parsons（2001）は，採用時の個人と組織の価値観の一致は，２年後の従業員の組織適合に対する知覚を予測することを発見した。個人と組織の価値観の一致が認められなかった場合には，離職も発生した。要するに，人は自分と似たような価値観を持つ組織に惹かれ，とどまる傾向があるということである。そうでない場合には，離職することが多い。

また，カリフォルニア州立大学バークレー校のジェニファー・チャットマン教授も，個人－組織適合の研究を長年支持してきた一人である。彼女の研究では，個人－組織適合は，組織と従業員の価値観が一致する範囲で存在するとしている。「適合」の判定が下された場合には，組織に採用されたことで従業員の価値観がどの程度変化するか，雇用されている組織の価値観を従業員がどの程度忠実に守るか，に関してその従業員の将来予測をすることが可能になるということである。チャットマンの研究により，個人－組織適合が，従業員の組織市民行動（Organizational Citizenship Behavior）と正の関係を持つことがわかった。組織市民行動とは，「従業員が報酬などの見返りを求めることなく，組織全体の効率を促進するため，自発的に他者を支援する行動」のことである。役割外行動のひとつといわれており，わかりやすい例を紹介すると，「病気などで休んでいる人の仕事を代わりに行う」，「仕事のやりかたがわからず困っている人がいれば自発的に教えてあげる」などがある。個人－組織適合が実現している従業員は，損得勘定なしに，組織のために尽くすのである。

以上のとおり，個人－組織適合が実現すると，個人にも組織にもメリットが多いので，会社の採用においては，その組織の持つ価値観と似通った価値観を持つ応募者が採用されるということが起きるのである。

なお，個人－組織適合に関して興味を持った方，この分野で研究テーマを考えたいという方には，本文でも紹介しているチャットマンによる以下の文献がお勧めである。国会図書館に行って，以下の文献を探して読んでいただきたい。

O'Reilly, C. A., Chatman, J., and Caldwell, D. F. (1991). "People and Organizational Culture: A Profile Comparison Approach to Assessing Person-Organization Fit", *Academy of Management Journal*, 34(3), 487-516.

1－2　社会化の方法

組織が採用において，その組織の価値観と合致する従業員を選んだとしても，新しい従業員はその組織の文化に最初から同化できるとは限らない。新しい従業員は，組織の文化に最もなじみが薄いため，その組織の慣習や考えをいきなり受け入れることができるわけではない。そこで，組織は新しい従業員が組織の文化に適用するための支援をして，組織の文化に従業員を適応させていくのである。この適応プロセスを「社会化（socialization）」と呼んでいる。

ここでは社会化に関して，Robbins, S. P. (2005) をもとに説明する。

社会化は，３つの段階で構成されている。「入社前」，「遭遇」，「変身」の３段階である。入社前の段階には，新しいメンバーが組織に入る前に起こるすべての学習が含まれる。遭遇の段階では，新規従業員が会社はどんな組織かを実際に見て，期待と現実が異なっていることを経験する可能性もある。変身の段階は，比較的長い期間にわたる変化である。新規従業員は，自分の職務に求められるスキルをマスターし，自分の役割をうまく遂行し，組織メンバーの持つ価値観や規範に合わせて自分を調整する。この３段階のプロセスは，新規従業員の職務生産性，組織の目標へのコミット

社会化のモデル

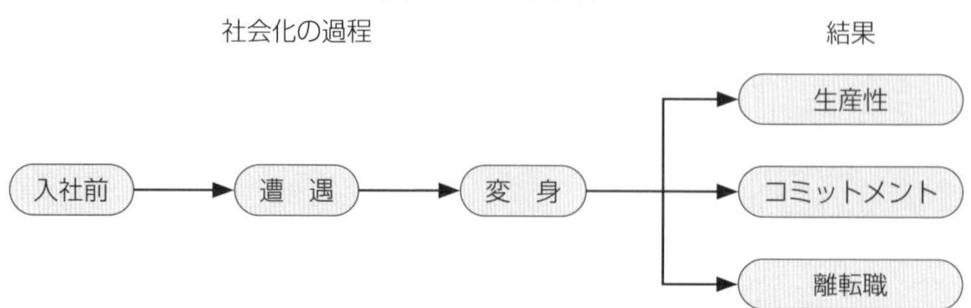

（出所） Robbins, S. P. (2005), *Essentials of Organizational Behavior, 8th edition.* Pearson Education, Inc.（高木晴夫訳『組織行動のマネジメント』ダイヤモンド社，2009年）

メント，組織にとどまり続けるかどうかの決定に影響を与える。

入社前の段階は，従業員が入社する前に生じる。よって新規従業員が組織に入社した時点では，すでに一定の価値観や期待を持っている。例えば，多くの職務，特に専門的な仕事においては，新規従業員は事前にかなりの社会化を研修および学校で経験している。MBA などのビジネススクールは，事前の社会化の１つの機会である。ビジネススクールの目的の１つは，学生を企業が望む態度や行動に適応させることである。この事前の社会化を受けているために，MBA の学生はコンサルティング・ファームなどの入社試験に合格しやすいのである。ただ，この事前の社会化は特定の職務を超えたレベルに及ぶ。それは，採用時の応募者の価値観である。すでに個人が備えている価値観が，組織の価値観と一致するかが重要であることは，すでに説明したとおりである。

遭遇の段階は，組織への参加によって開始される。ここでは期待（職務，同僚，上司，組織全般）と現実のギャップに直面する可能性もある。組織に入社した結果，事前の期待通りであったならば，遭遇の段階では事前に感じていたことが確認されるにすぎない。しかし，そうでないことが多いのが現実である。期待と現実が異なった場合，新しい従業員は以前の想定とは異なる社会化の過程を経ることが必要となり，以前の想定を捨て，組織が望ましいと考える別の想定に置き換える必要が生じる。極端な場合，新しい従業員は，実際の職務や組織の状況が考えていたものとまったく異なるため辞職することもありうる。このような事態を避けるためにも，先に説明した採用時の「個人－組織適合」の確認が何よりも大切となる。

最後に，新規従業員は遭遇の段階で発見された問題に対応する必要がある。そのためには変化の過程を経験することになるので，この段階を変身の段階と呼ぶ。新規従業員が，組織や仕事を快適だと感じるようになれば，変身の段階である入社初期の社会化プロセスが完成したといえる。そのように感じられる時には，新規従業員は組織の規範を理解し受け入れている。また同僚から信頼され，価値ある個人として受け入れられたと感じる。さらに，仕事をうまく完成させる能力があると自信を持つことができる。新規従業員は，自分の仕事だけでなく，規則と手順，インフォーマルな取り組みや慣習も含めて組織内のシステムを理解する。

変身が成功すれば，新規従業員の生産性および組織への関与に肯定的な影響を与え，組織を離れる可能性を減少させる。

2　組織文化の創生

ここまでは，すでに出来上がった組織文化を維持するためには，採用と社会化が重要であるということを説明してきた。ここからは，そもそもの話として，組織文化はどのようにして生まれるのか，という点について考えてみる。

ここでも社会化と同様に，Robbins, S. P. (2005) をもとに説明する。

組織の現在の慣習，伝統および物事のいろいろなやり方は，前にどのようにおこなわれていたか，そしてそのようなやり方でどの程度成功したかに大きく依存する。それゆえ，組織文化の源は組織の創設者である。創設者は組織がどうなるべきかというビジョンを持っている。また物事の進め方やイデオロギーに関して，前の慣習に拘束されることはない。創設者はオリジナルな考えを持ち，その考えをどう実施するかについても自分の考えを持っている。創設者の独自の考えとその組織の最初の従業員たちが，

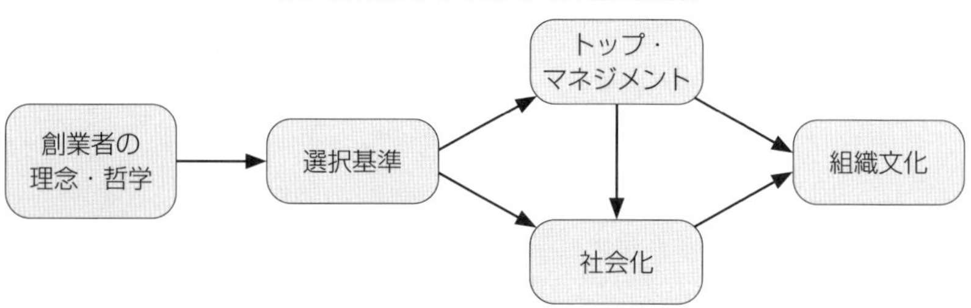

（出所） Robbins, S. P. (2005), *Essentials of Organizational Behavior, 8th edition.* Pearson Education, Inc.（高木晴夫訳『組織行動のマネジメント』ダイヤモンド社，2009年）

自分たちの経験から学んだものの相互作用から組織文化は生まれるのである。上の図は，組織文化がどのように作られ維持されるかを要約したものである。

最初の組織文化は創業者の理念や哲学から生まれ，それが採用基準に強い影響を与える。そして，現行のトップ・マネジメントは，受け入れられる行動および受け入れられない行動に関して組織内に雰囲気を形成する。同時に，先に説明した社会化が進行する。その結果として，組織文化が出来上がる。

よって，設問２の「なぜ理念は重要なのか」に対する解答として，組織メンバーの意思決定や行動規範を決定する組織文化は，創業者の理念や哲学から生まれるから，という形になるのである。

3　組織文化と多様性のパラドックス

組織の創設者の理念によって生み出された組織文化は，その後の採用と社会化によって維持・強化される。そして強固な組織文化が形成されると，組織は安定する。同じ価値観を共有した従業員同士においては，形式知のみならず暗黙知も共有され，言葉を交わさずとも意思疎通できるようになってくる。しかし一方で，その会社特有の空気を読んだ会話や発言も多くなり，事なかれ主義に陥ってしまう危険性も潜んでいる。同時に，組織文化に合致しない行動を取る従業員には批判的な目が向けられるようになり，そのような従業員は退職する傾向がある。そうなってくると組織は完全な同質化した人々で構成された仲良し集団と化してしまうのである。

そのような同質化した組織からはイノベーションは生まれないといわれている。問題７の「社員の幸福と脱官僚制のマネジメント」で説明するが，集団は，パーソナリティ，ジェンダー，年齢，専門性，経験の異なるメンバーからなるとき，タスクを効果的に達成するために必要な条件を備えている可能性が高くなる。こうした集団では，多様な意見が取り入れられ同化される過程で，コンフリクトに悩まされるなど手間がかかるかもしれないが，互いに異質の個人から構成される集団は，均一集団よりも効果的に機能するという結論が，過去の研究によって証明されている。多様性がコンフリクトを生じさせ，それが創造性を刺激し，その結果としてイノベーションが生まれるのである。

以上のとおり，同質化した集団は安定的で効率的ではあるが，今の時代に最も必要とされる創造性やイノベーションを阻害してしまう。このような多様性のパラドックスに対するマネジメント上の課題は，２つの相反する目的のバランスを取ることである。つまり，組織の優勢な価値を受け入れることを求めると同時に，相違点を受容する姿勢を持つことである。従業員の個性や多様性をあまりにも受容する形での社会化をおこなうと，組織文化に合わない従業員が出てきてしまう。一方で，従業員の個性や多様性を排除するような形での社会化をおこなってしまうと，異なる背景を持つ人々が組織に与えるユニークな力やイノベーションを起こすような創造性を排除してしまうことにつながる。

この２つのバランスをいかに取っていくかが組織上の課題である。この組織文化と多様性のパラドックスに関しては，多様性やイノベーションの必要性が高まっている現在においては，非常に重要な研究課題である。今後，国内MBAに入学して，研究をする方にとって，この研究領域は新たな機会を与えてくれるものである。もし，組織文化と多様性のパラドックスに関して，ご自身が研究テーマとして興味を持ったならば，ぜひ同テーマを研究テーマとして研究計画書を作成していただきたい。面白い研究ができるはずである。

最後に，研究テーマとして，社会化に興味を持った方がいると思われるので，社会化に関して参考になる文献を紹介する。国会図書館に行って探してみていただきたい。

Maanen, J. V. (1978), "People Processing: Strategies of Organizational Socialization," *Organizational Dynamics*, 7(1), pp. 19-36.

問題6：ICTと消費者行動

以下の文章は，インターネットに代表される情報通信技術（ICT）の登場と普及によって，消費者の購買意思決定プロセスが変わったことを述べている。本文章を読んだ上で，以下の2つの設問に答えなさい。
（制限時間：120分）

（設問1）
問題文中では，インターネットに代表される情報通信技術（ICT）の登場と普及によって，消費者の購買意思決定プロセスは，AISASに変化したと述べている。では，情報通信技術（ICT）の普及によっても，「Search（調べる）」「Share（共有する）」という行動を取らない商品はどのようなものがあるか。具体的な商品をあげなさい。その上で，その商品は，なぜ「Search（調べる）」「Share（共有する）」という行動を取らないのか，理由を600字程度で説明しなさい。

（設問2）
問題文中にあるように消費者の購買意思決定プロセスが，AIDMAからAISASへ変化することによって，企業経営にはどのような影響があるか。具体例とともに1,000字程度で説明しなさい。

インターネットに代表される情報通信技術（ICT）の登場と普及は，テレビ，新聞，雑誌，ラジオという従来の4つのマス・メディアの存在を脅かすようになり，消費者のあり方にも大きな変化をもたらしている。従来のマス・メディアが主流の1990年代までの消費者というのは，情報を受け取るのみであった。テレビや新聞から情報を受け取り，その情報を理解し，日常生活で役立てていた。インターネットに代表される情報通信技術（ICT）の登場と普及によって，消費者は単に情報を探して取得するだけではなく，他の消費者や企業に対して情報を発信する消費者を生み出した。

情報通信技術（ICT）の普及の歴史をたどると，1990年代後半に，インターネットが購買の場，情報発信の場として機能し始めた。1997年にEコマースの楽天市場，1999年にYahoo!オークション，2000年に米国の書籍販売サイトのAmazonが日本語版サイトを開設し，購買の場として機能するようになった。また，1997年に，電気製品の価格比較サイト「価格.com」，化粧品の口コミサイト「@cosme（アットコスメ）」が始まり，情報提供の場として機能し始めた。

さらに，2002年頃からは，ブログが普及し，個人が毎日日記を書いて更新することによる情報発信ができるようになった。2004年にはmixiやGREEといったSNS（Social Network Service）が開始され，2008年1月にはTwitterの日本語版が登場し，同年5月にはFacebookの日本語化されたインターフェイスが公開されサービスが開始された。これによって個々の消費者，誰もが情報発信できるような環境が整った。これらSNSは個人の情報発信にとどまらず，個々の消費者の情報共有の場として機能し普及していった。

これによって従来型のマス・メディアによる一方的な情報発信と消費者はそれを受けるだけというスタイルから，自ら情報を検索し処理するといった消費者の能動的な態度を発揮できるメディア環境が整った。さらには，自ら情報を積極的に発信する行為によって，「参加する」メディアへと変化したのである。

また，従来は，知人・友人とだけしか共有できなかった「口コミ」情報を，誰とでも共有することができるようになった。インターネットが普及する前，「おいしいお店の情報」「まだメジャーではないが，今後売れそうなアーティストの情報」は，親しい人とだけ共有できるものであった。これがインターネットの普及によって，見知らぬ多くの人たちと共有できるようになったのである。

このような情報メディア環境の変化が消費者行動にどのような影響を与えたのか，消費者が商品・サービスを購入する際の「購買意思決定プロセス」をもとに考えてみる。

インターネットが普及する前のマス・メディア時代の消費者の購買意思決定プロセスをモデル化したものが，「AIDMA（アイドマ）」である。これは消費者の購買行動を，Attention（注意），Interest（興味・関心），Desire（欲求），Memory（記憶），Action（行動）という5つのステップで捉える考え方である。

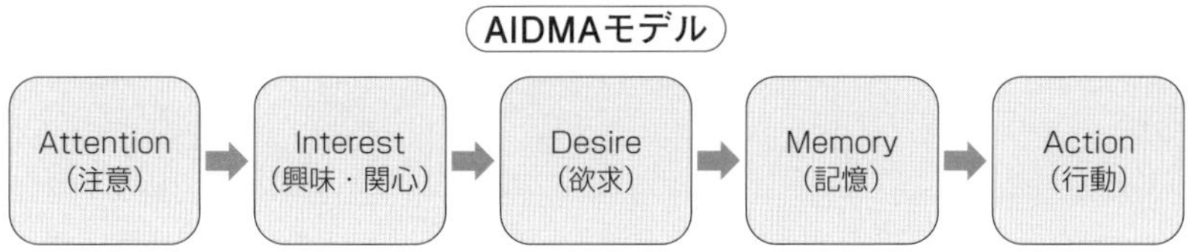

Attention（注意）は，「消費者の注意をひく」ということである。すなわち，その商品の存在を消費者が知ることである。消費者がその商品を知らなければ，その商品を買うことはない。なので，消費者に知らせる必要があるということである。

Interest（興味・関心）は，「消費者が興味を持つ」ということである。すなわち，単にその商品を知っているだけではなく，その商品について知りたいと思うような状態である。

Desire（欲求）は，「消費者が欲しいと思うようになる」ということである。単なる興味から「欲しい」という欲求に変化するのである。

Memory（記憶）は，「消費者がその商品を記憶している」ということである。欲しい商品なので，記憶に残っており，常にその商品が頭の中にある状態である。

Action（行動）は，「消費者が購買行動に至る」ということである。要するに，購入するのである。

マス・メディア時代の消費者は，商品を購入するまでには，上記の5つのステップを踏むといわれていた。

それがインターネット時代には，上記とは異なる5つのステップが出現したのである。それが「AISAS（アイサス）」である。これは消費者の購買行動を，Attention（注意），Interest（興味・関心），Search（探索），Action（行動），Share（共有），という5つのステップで捉える考え方である。

Interestの段階で興味や関心を持ったら，次はGoogleやYahoo!やbingといった検索サイトで検索するという「Search」をおこなうのである。現代は，スマホが普及しているため，興味を持ったら，すぐに検索サイトで検索して自分で調べるという行動が一般的になっている。スマホはいつでも手元にあるので，いつでもどこでも検索できる状態にあるということである。検索する対象も企業側が発する情報だけでなく，食べログや@cosme（アットコスメ）などの口コミサイトを見たり，個々の消費者が書いているブログ，Twitter，Facebook，Instagramなども一通り参考にして，実際に購入する商品を決定する。決定したら，Actionを起こして購入する。そして，購入後は，Shareをする。具体的には，自身の使用体験をブログ，Twitter，Facebook，Instagramにて情報発信としておこない，他の人たちと情報共有をする。このShareであるが，テキスト化された文字情報だけでなく，画像や動画を用いた情報発信も誰でもできるようになっており，情報交換が活発化している。これらの情報は，ネットワーク外部性が働き，情報発信する人が増えれば増えるほど情報の質が向上するといわれている。

インターネットに代表される情報通信技術（ICT）の登場と普及は，これまで説明してきたとおり，消費者の購買行動を大きく変えてしまった。特に大きな変化は，消費者が自ら情報発信でき，その消費者が発信した情報が価値を持つようになったことである。マス・メディア時代には，企業やマスコミが発する情報だけを判断材料にして購買行動をおこなってきた

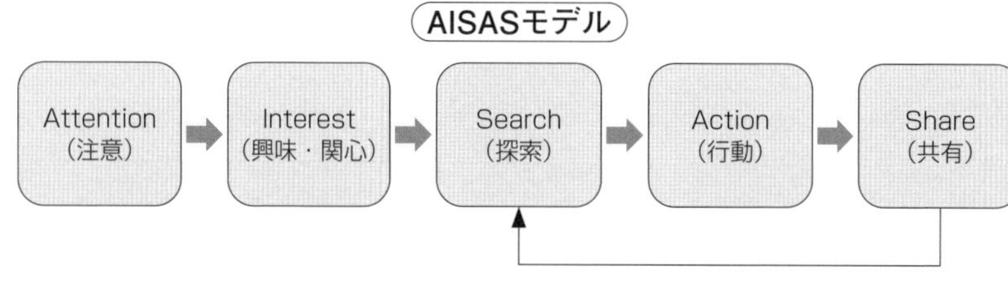

消費者にとっては，インターネットが普及することによって，より多くの情報を入手することができるようになったといえる。

では，このように多くの情報を消費者が入手することができるようになったことによって引き起こされる問題について考えてみる。

1つ目の問題は，情報の信頼性である。誰でも情報を発信できるようになったということは，ウソの情報や誤った情報も存在する可能性がある。この情報の信頼性を，消費者が自分で判断することは難しいということがあげられる。このような情報の信頼性を確かめるために，消費者は発信元を調べる必要がある。信頼できない発信元からの情報は信用せずに，信頼できる発信元からの情報を選択すべきである。

2つ目の問題は，情報過負荷の問題である。検索すれば情報がどんどん入手できるわけであるので，消費者は制限なく情報を入手できることになる。消費者個人の情報処理能力を超えるような大量の情報は，消費者が情報処理することができずに，逆に消費者の意思決定の質を低下させてしまうのである。このような情報過負荷に対応するためには，自身だけで意思決定するのではなく，専門家に相談するなどして，情報の取捨選択をした上で，意思決定する必要がある。

解答例

（設問１）

情報通信技術（ICT）の普及によっても，「Search（調べる）」「Share（共有する）」という行動を取らない商品は，購買関与度が低い商品である。例えば，トイレットペーパーやティッシュペーパーなどの商品である。

購買関与度とは，購買決定や選択に対して消費者が感じる関心や不安の程度であり，消費者の購買関与度が高い場合には，消費者の購買前の情報探索意欲は高くなり，購買関与度が低い場合には，消費者の情報探索意欲は低くなる。

この購買関与度は，商品によって関与の程度が異なってくる。例えば，パソコンを買う場合の購買関与度は高くなる消費者が多いと予想される。なぜなら，パソコンを購入する場合は，「OS」「CPU」「メモリ」「ディスプレイサイズ」「HDD」などの機能的な面と価格をしっかり確認した上で購入するからである。単に価格が安いというだけでパソコンを購入することはない。パソコンは購入前の情報探索意欲が高い商品なのである。

それに対して，トイレットペーパーやティッシュペーパーを購入する時はどうだろうか。事前に何か調べる必要があるだろうか。購入にあたって何か心配ごとはあるだろうか。人それぞれではあるが，特に調べる必要はなく，心配ごともないというのが一般的だと思われる。気にするのは価格だけではないだろうか。このように購買決定や選択に対して消費者が感じる関心や不安の程度が低い商品，すなわち購買関与度が低い商品には「Search（調べる）」「Share（共有する）」という行動を取らないのである。

（設問２）

消費者の購買意思決定プロセスがAIDMAからAISASへ変化することによる企業経営への影響は，マーケティング戦略の変更をあげる。問題文中で述べられているとおり，興味や関心を持ったら，検索サイトで検索するという行動が一般的になると，企業のマーケティング戦略は，従来型のマス・メディアを使ったマーケティングからコンテンツ・マーケティングに移行する。

マス・メディア時代の消費者は，「広告」「販売促進」「販売員」など企業側がコントロール可能な情報源をもとに購買の意思決定をしていた。そのため，消費者は購買意思決定をするにあたって客観的な情報を入手できない状況にいた。この時代の企業側のマーケティングは，消費者が自社の商品・サービスと競合他社のそれとを容易に比較できないようにすることと，消費者がより良い選択をするために必要な情報を十分には開示しないことによって成功をおさめてきた。

それがインターネット時代には，消費者は興味や関心を持ったら，すぐに検索サイトで検索するため，いきなりSNSやブログなどの情報にアクセス可能になる。そうすると，すでにその企業の商品・サービスを利用した経験のある顧客の正直な感想，場合によっては企業側にとっては都合の悪い情報なども消費者は簡単に手に入れてしまう。マス・メディア時代のような消費者がより良い選択をするために必要な情報を十分には開示しないということができなくなったのである。このようなインターネット時代においては，消費者は客観的でバイアスのかかっていない情報を企業側に要求するようになる。こうなると，企業側の姿勢も変わらざるを得ない。供給の論理を優先させた消費者に「売る」ためのマーケティングを改める必要が出てくるのである。そこで，新しいマーケティング手法であるコンテンツ・マーケティングに移行していく必要が出てくるのである。

コンテンツ・マーケティングとは，消費者が自分の目的を達成するために使いたいと思う有益なコンテンツ（情報）を発信し，見込み客のニーズ育成をし，そこから購買につなげるマーケティング手法である。ここでいうコンテンツとは，「売る」ための情報ではなく，あくまでも消費者にとって価値ある情報のことである。例えば，予備校のコンテンツ・マーケティングを例にあげると，単に予備校が実施している「講座」の情報を発信するだけでなく，受験生が必要とするあらゆる情報を提供するのである。受験勉強期間はどのくらいか？　受験科目の中で力を入れるべき科目と力を抜く科目は？　受験倍率が低く予備校を利用しなくても合格できる学校はどこか？　といった形で，予備校の集客には一見マイナスに働いてしまうような情報も受験生が必要ならば躊躇なく発信するのである。

解　説

情報通信技術（ICT）とマーケティングを融合させた問題である。このような傾向の問題が出題されるのは筑波大学大学院ビジネス科学研究群である。情報通信技術（ICT）と経営という視点からは，慶應義塾大学大学院経営管理研究科，神戸大学大学院経営学研究科でも出題されている。また，以下に説明する知識は，京都大学経営管理大学院の出題傾向を踏まえた内容になっている。ざっと見ただけでも，これらの大学院での出題に絡んでいるので，今後の国内 MBA 入試での出題は大いに考えられる分野である。この点を認識した上で，以下の解説をお読みいただきたい。

1　購買関与度

設問１の解答をするには，消費者行動論の「購買関与度」という概念を知っておく必要があるので，まずは購買関与度について説明する。

情報通信技術（ICT）の普及によっても，「Search（調べる）」「Share（共有する）」という行動を取らない商品は，購買関与度が低い商品である。例えば，トイレットペーパーやティッシュペーパーなどの商品である。

購買関与度とは，購買決定や選択に対して消費者が感じる関心や不安の程度であり，消費者の購買関与度が高い場合には，消費者の購買前の情報探索意欲は高くなり，購買関与度が低い場合には，消費者の情報探索意欲は低くなる（池尾，青木，2010）。

この購買関与度は，商品によって関与の程度が異なってくる。例えば，パソコンを買う場合の購買関与度は高くなる消費者が多いと予想される。なぜなら，パソコンを購入する場合は，「OS」「CPU」「メモリ」「ディスプレイサイズ」「HDD」などの機能的な面と価格をしっかり確認した上で購入するからである。単に価格が安いというだけでパソコンを購入することはない。パソコンは購入前の情報探索意欲が高い商品なのである。

それに対して，トイレットペーパーやティッシュペーパーを購入する時はどうだろうか。事前に何か調べる必要があるだろうか。購入にあたって何か心配ごとはあるだろうか。人それぞれではあるが，特に調べる必要はなく，心配ごともないというのが一般的だと思われる。気にするのは価格だけではないだろうか。このように購買決定や選択に対して消費者が感じる関心や不安の程度が低い商品，すなわち購買関与度が低い商品には「Search（調べる）」「Share（共有する）」という行動を取らないのである。

では，こういった購買関与度が低い商品を企業が販売する際のポイントは何なのだろうか。以下，青木幸弘，新倉貴士，佐々木壮太郎，松下光司（2012）『消費者行動論』を引用しながら説明する。

購買関与度が低い商品を販売する場合には，企業側は消費者に以下の２つの視点での利便性を与える必要があるといわれている。１つ目は，購買利便性である。消費者は，購買の必要性を感じる間際まで，購買意思決定を引き延ばすことに利便性を感じることがある。これが購買利便性であり，営業時間の長さ，立地の近さ，配送納期の短さなどによって実現される。２つ目は，カテゴリー利便性である。これは，一度の買い物において複数の種類のカテゴリーのアイテムの購入ができること，いわゆるワンストップ・ショッピングの利便性である。

これら２つの利便性を実現するために，マーケティングの販売チャネルの設計において，以下の２つのデザインが採用されることが多い。１つ目は，多くの小売店で自社の商品が取り扱われることを目指す開放的チャネル政策である。これは多くの販売拠点を設置することで購買利便性を与えることを目指すものである。2つ目は，広い品揃えを備える業態が選択されることである。メーカーが購買関与度が低い商品を販売する際には，コンビニエンス・ストア，スーパーマーケット，ドラッグストアなどのさまざまな製品カテゴリーを取り揃える小売業態を選択することが少なくない。これは，消費者がワンストップ・ショッピングをすることを実現し，カテゴリー利便性を与えることを目指すものである。

また，チャネル・マネジメントにおいても特徴的なデザインが必要になる。消費者が購買に注ぐ努力量の少ない低関与の商品は，購買するにあたっての情報収集は，店頭でおこなわれることがほとんどである。皆さんが，トイレットペーパーやティッシュペーパーを購入する際は，ほとんどの方が店頭で価格を見て商品を選ぶのではないだろうか。このような消費者行動が一般的なため，購買前の消費者に対して，店舗内において露出を最大化し，情報取得を促すよう働きかけることが必要となる。具体的には，店内での特別な陳列，POP 広告，フェイス数の確保や適切な棚の位置の確保などの策によって，接触機会を増やすことが有効となる（青木，新倉，佐々木，松下，2012）。

2　マス・メディア時代のマーケティングと情報の非対称性

設問2の消費者の購買意思決定プロセスが AIDMA から AISAS へ変化することによる企業経営への影響に関しては，ここではマーケティング戦略の変更をあげて説明する。問題文中で述べられているとおり，興味や関心を持ったら，検索サイトで検索するという行動が一般的になると，企業のマーケティング戦略は，従来型のマス・メディアを使ったマーケティングからコンテンツ・マーケティングに移行するという視点で説明する。

ただ，この視点だけが正解というわけではない。読者の皆さんは，自分なりの切り口を設定して自由に論じていただいて問題ない。会計，競争戦略，組織人材などどんな切り口でも問題はないので自由に論じていただき

3　インターネット時代とコンテンツ・マーケティング

それがインターネット時代には，消費者は興味や関心を持ったら，すぐに検索サイトで検索するため，いきなりSNSやブログなどの情報にアクセス可能になる。そうすると，すでにその企業の商品・サービスを利用した経験のある顧客の正直な感想，場合によっては企業側にとっては都合の悪い情報なども消費者は簡単に手に入れてしまう。情報の非対称性が崩壊するのである。このようなインターネット時代においては，消費者は客観的でバイアスのかかっていない情報を企業側に要求するようになる。あるいは，製品や企業間の相対比較が容易な「価格.com」「保険市場」などのインフォメディアリーに情報を求めるようになるだろう。こうなると，企業側の姿勢も変わらざるを得ない。供給の論理を優先させた消費者に「売る」ためのマーケティングを改める必要が出てくる。インターネット時代には，情報を隠し立てする場所はなくなり，消費者の無知に乗じて利益をあげることは，商売をするには危険な手段になるのである。そこで，注目されているのが，新しいマーケティング手法であるコンテンツ・マーケティングである。以下に，コンテンツ・マーケティングについて説明していく。

コンテンツ・マーケティングとは，消費者が自分の目的を達成するために使いたいと思う有益なコンテンツ（情報）を発信し，見込み客のニーズ育成をし，そこから購買につなげるマーケティング手法である。ここでいうコンテンツとは，「売る」ための情報ではなく，あくまでも消費者にとって価値ある情報のことである。ここは事例を用いたほうがわかりやすいので，コンテンツ・マーケティングの事例として，筆者が所属している国内MBA受験予備校のアガルートアカデミーをあげて説明する。

これまで国内MBA受験予備校が自社のホームページ上で発信する情報は，あくまでも予備校が実施している講座に関するものが中心であった。

講座以外の情報としては，MBA コースを設置している大学院の一覧が掲載されている程度であった。そのため，国内 MBA 受験生としては，予備校のホームページを見たとしても，国内 MBA に関するさまざまな情報を入手することはできなかった。

そんな受験生にとっての情報提供が不十分な状態であるために，筆者が所属しているアガルートアカデミーでは，開講している講座の情報を提供すると同時に，多くの国内 MBA 受験生が求めている情報を発信するための「コラム」を掲載している。この内容が，コンテンツ・マーケティングに該当するものである。

「MBA とは何か」「MBA と MOT の違い」から始まり，「MBA 受験の対策は何をするのか」「受験対策は，どのくらいの期間が必要か」「研究計画書の書き方のポイントは何か」「志望理由書の書き方のポイントは何か」「面接ではどんなことが質問されるのか」「小論文で出題される問題はどんな問題か」「MBA 受験をするには，どのくらいの経営学の知識が必要か」「英語力はどのくらいが必要なのか」「国内 MBA の受験倍率はどのくらいなのか」「国内 MBA で人気校はどこか」「国内 MBA を修了すると転職やキャリアアップに有利に働くか」などの多くの国内 MBA 受験生が「知りたい」と思う情報がすべて「コラム」として掲載されている。それも文字情報だけでなく，筆者が動画で解説しており，その動画もすべて公開されている。おそらく国内 MBA 受験生が知りたいと思う情報はほぼすべてアガルートアカデミーのホームページ上に掲載されている。よって，受験生はアガルートアカデミーのホームページを見るだけで，国内 MBA 受験に関するすべての情報が入手できるようになっている。

このアガルートアカデミーのホームページ上（オウンド・メディア）で公開されている情報は，先に説明したとおり，「売る」ための情報ではなく，あくまでも消費者である受験生にとって価値ある情報になっている。というのは，やみくもに国内 MBA に進学することを勧めたり，国内 MBA 受験の難易度の高さを強調して予備校利用を促進するような内容にはなっていないのである。そのことがわかる事例が，以下のような情報が掲載されている点である。「国内 MBA に進学しても，日本の大企業の多くへの転職が有利に働くわけではない」「国内 MBA 受験において英語のウエイトは低いので，仮に TOEIC のスコアが低くても問題はない」「国内 MBA において受験倍率が高い大学院はごく一部であって，簡単に入学できる MBA もたくさんある」といった予備校としてはマイナスに作用するような情報も普通に掲載されているのである。予備校のホームページなのに，「売る」ための情報ではなく，消費者である受験生にとって価値ある情報になっている。先に説明したとおり，インターネット時代には，情報を隠し立てする場所はなくなり，消費者の無知に乗じて利益をあげることは，商売をするには危険な手段になる，ということをアガルートアカデミーではわかっているので，従来型の「売る」ための情報ではなく，国内 MBA 受験の実態を正直に伝える消費者視点の情報発信になっているのである。

このコンテンツ・マーケティングが功を奏し，アガルートアカデミーは国内 MBA 受験コースを開講して初年度から多くの受験生に支持されている。

4　潜在顧客にリーチできるコンテンツ・マーケティング

コンテンツ・マーケティングとは何かは理解できたと思うので，ここではコンテンツ・マーケティングならではの企業側の利点を紹介する。

コンテンツ・マーケティングを実施する企業側の最大のメリットは，「潜在顧客にもリーチできる」という点である。コンテンツ・マーケティングではターゲットの興味・関心・必要性などに応じて発信するコンテンツを変えて，潜在顧客にも自然にリーチできるのが特徴となっている。同マーケティングでは「消費者は自分の興味・関心のある情報は進んで検索する」という傾向をとらえ，その消費者のニーズに沿ったコンテンツを提供し，親しみを持ってもらった上で，将来的に購買・ファン化へとつなげていくのである。

バナー広告などの従来型の広告を用いたマーケティングでは，見込み客のニーズに合致すれば効果が高く，即効性もあるが，潜在顧客やニーズの表面化していない人には，スルーされてしまう傾向がある。なぜなら，ニーズが顕在化していないのに，広告を見せられても，興味が持てないからである。その弱みを補えるのがコンテンツ・マーケティングである。

潜在顧客は自身が抱えている課題に気づいていないか，気づいていてもさして気にとめていないので，ニーズを自分自身が実感できるきっかけとなる情報をコンテンツとして発信することで，将来的に購買・ファン化へとつなげていくのである。

こちらも国内MBA受験を例に説明する。国内MBAを受験しようか考え始めたばかりの人に，いきなり国内MBA受験予備校の利用を勧めるのではなく，その方に国内MBA受験予備校に興味を持ってもらうために「MBA受験の対策は何をするのか」「受験対策は，どのくらいの期間が必要か」「研究計画書の書き方のポイントは何か」といったコンテンツを発信する。興味のあるコンテンツを理解してもらった上で，「国内MBAを受験するには予備校を利用すると効率的ですよ」といった本当に伝えたい情報を提供する。けっこう気長なやり方だと思うかもしれないが，ニーズが明確になっていない状態で売り込んだとしてもうまくいかないので，けっして遠回りしているわけではないのである。また，以下の図のとおり，母数は顕在顧客・純顕在顧客・潜在顧客の順で多くなっていくため，潜在顧客に興味を持ってもらえるコンテンツを発信すれば，より広い範囲をターゲットとしてビジネスをおこなえるようになるのである。

以上のように，コンテンツ・マーケティングを企業が用いることによって，ニーズが顕在化した消費者だけでなく，潜在的なニーズを持つ消費者も自社の顧客として将来的に取り込むことができるので，企業としてはより多くの顧客獲得につながるというメリットがあるのである。

ニーズの階層構造

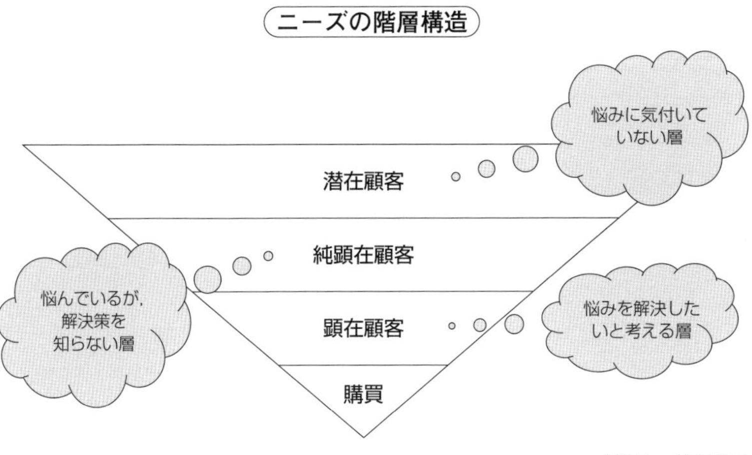

（出所）　筆者作成

問題７：社員の幸福と脱官僚制のマネジメント

以下の文章は，社員の幸福を実現する組織について述べたものである。本文章を読んだ上で，以下の３つの設問に答えなさい。
（制限時間：120分）

（設問１）

社員を幸せにすることができる職場の特徴を本文の内容をもとに400字程度で要約しなさい。

（設問２）

下線部Ａに賛成か反対か，あなたの意見を根拠とともに具体的に600字程度で説明しなさい。

（設問３）

下線部Ｂに関して，歴史の長い大企業において，「社員が能動的に日々の決定に参加し，行動に移している組織」を実現するには，組織としてどんな取り組みが必要か，あなたの考えを800字程度で述べなさい。

起業家は，何のために会社を起こすのか。もちろん，新しいビジネスチャンスを見いだして，自らのやりたいことを実現したいという願望とも言える。結果として想定される金銭的な見返りも重要だろう。ともに走る経営陣や社員も，企業の成長と成功に伴い収入が増えることを期待している。

確かに，先進国と発展途上国の比較では，基本的な生活を送るためのニーズを満たすまでは，収入の増加と幸福度の増加は比例する。また，一国の富裕層，中流層，貧困層という所得階層を比較した場合でも，貧困層を脱出するステージまでは，収入が増えれば幸福度が高まるという強い関係がある。しかし，それ以上のステージでは，お金や物質的な満足が増えることによる幸福度の伸び率は，急速に鈍り，逓減し続ける。お金では，最高レベルの幸せを買うことはできない。

働くことを通して，幸せを得るにはどうすればよいのか。「個人」が人間として尊重されるコミュニティたる組織に属し，仲間と信頼を分かち合う。時間を忘れてしまうような，やり遂げて意味があると思える仕事に取り組んでいく。つまり，よい意味での個人主義と，利他主義を両立させるような仕事に取り組むこと，そして，それを実現させる環境が重要となる。「筋のよい仕事」と言われる仕事を積み重ねることで，長期的に社員は「働くことの幸せ」を感じ，企業に「高い業績」をもたらす。これこそが，「幸せ」や「愛」をベースに成長する企業であり，社員が「愛を感じられる会社」である。

幸せな社員のイメージとは

人間は，自発的に何かをアウトプットし，フィードバックを得ることによって，大きな幸福を感じることができる。筆者（東出浩教教授）の研究室が，東京の男性ビジネスマン400人を対象に実施した調査結果では，以下のような項目で高いスコアを示す回答者は，高い幸福を感じており，同時に，これからも組織の業績向上に貢献しようとする強い意欲を持っている。

① 自分の良心に反しない仕事ができる。
② 違った仕事にチャレンジできる。
③ 自分の考え・能力を試す機会がある。
④ 自分で判断ができる自由がある。
⑤ 仕事からの高い達成感がある。
⑥ よい仕事をした時における称賛がある。
⑦ 人々の助けになる機会がある。
⑧ 昇進の機会がある。

一言で言えば，「異なったことに，自分で判断しながらチャレンジし，発見を通じて，何かを達成していくプロセスを行っている社員」が幸せな社員の姿となる。現在は，ほとんどの情報が瞬時に，そしてコストをかけることなく手に入る。企業が競合他社に先んじるためには，同じ情報をもとにしながらも，よりクリエイティブにビジネスの形を作っていかなくてはならない。このアンケートから浮かび上がってきた「幸せな社員像」は，このようなクリエイティブな人達であった。

働く人の幸せに焦点を当てたモデル

これまで，働く人の幸せに焦点を当てた研究はあまり存在しておらず，ほとんどの幸福に関する研究は，社会の中での人々の幸せが対象となっている。そこで，これまでの幸せに関する社会学や心理学領域でのさまざまな研究を参考にして，あらためて，働く人の幸せという観点からまとめてみたい。ここでは，幸せな社員をはぐくむ職場環境という点から整理する。

幸せのための職場環境

幸せになるための基本ルールとして，しばしば以下の 3 つが挙げられる。

① 愛する人達がいること。
② なすべきことがあること。
③ 希望が持てること。

われわれは，無人島に 1 人きりでは幸福になることはできない。そこには人々のコミュニティがないからである。職場のようなコミュニティの質は，「社会資本（Social Capital）」という視点で評価することができる。社員を幸せにすることができる職場は 3 つの特徴を備えていなければならない。

第 1 に，「お互いの信頼に支えられたコミュニティ」という特徴が重要である。高い幸福度を感じている人たちは，コミュニティでの活動に能動的かつ積極的に参加し情報のやりとりをしている。また，他人を信頼することのできる人，信頼することが可能な環境に置かれている人ほど，高いレベルの幸福を感じている。とくに，友人間の相互信頼のレベルが高い社会やコミュニティに暮らしていると考えている人たちは，人生に対する非常に高いレベルの満足度と幸福度を示す傾向にある。社会資本に関する数々の研究成果から敷衍すれば，高い信頼と頻繁なコミュニケーションに支えられたコミュニティこそが，継続的なイノベーションに支えられた企業や社会を創造することを可能とする。

第2に，そこで働く社員が，1人の人間としての「個人」の価値を認めると同時に，人それぞれの考え方の違いや才能の違いを最大限に尊重し，その違いを伸ばしていくことを肯定する信念を持つことが望ましい。よい意味での「個人主義」が尊重される必要がある（A）。国同士の比較をみても，個人主義的傾向の強い国々の方が，集産主義的な国に比べて，一貫して高いレベルの幸福度を達成している。日本は，集産主義的な国の一つであり，相対的に他人の目を気にする傾向が強く，同調圧力にさらされているとする議論も強い。しかし，日本に在住している人たちの比較においても，相対的により個人主義的な価値観を持っている人々の方が，集産主義的な価値観を持っている人々よりも高いレベルの幸福度と自尊心を持っているという研究成果もある。

ある社会に現存するカルチャーや価値観を尊重しつつも，何らかの形で独立した個人として行動したい，あるいは人とは何らかの形で違った存在でいたいと考えるタイプの方が，企業においても，より高い幸せを感じる可能性が高い。

第3に，「民主主義的な理念が共有」され，その理念に適合するプロセスに支えられたコミュニティは，メンバーの高い幸福をはぐくむと言われる。先に述べた，個人の価値を認めるという，よい意味での個人主義を，最もうまく支えることができるコミュニティであり，高い社会資本を備えた「場」として機能するコミュニティである。

これまでの研究では，政治と幸福の関係という視点から，国民の政治的活動や発言の自由，市民としての知る自由，そして知り得た情報をもとにした判断・行動の自由というようなものが高まるほど，国民の幸福度が高まることがわかってきている。

企業への示唆として，①社員への情報透明性（会社業績やその他のさまざまな現実を隠し立てなく社員へ開示する），②社員一人ひとりが，能動的に何らかの形で日々の決定に参加し，実際の行動に移していると感じている組織では，社員の幸福度が高まると想定される（B）。

（出所） 早稲田大学校友会ベンチャー稲門会（編）東出浩教（編著）（2018）『ガゼル企業　成長の法則』中央経済社

解答例

（設問１）

社員を幸せにすることができる職場は，以下の３つの特徴を持つ。

１つ目は，「お互いの信頼に支えられたコミュニティ」という特徴がある。高い幸福度を感じている人は，コミュニティでの活動に能動的かつ積極的に参加し情報のやり取りをしている人である。また，他人を信頼することができる人，信頼することが可能な環境に置かれている人である。

２つ目は，「個人主義」が尊重される職場である。そこで働く社員が，１人の人間としての「個人」の価値を認めると同時に，人それぞれの考え方の違いや才能の違いを最大限に尊重し，その違いを伸ばしていくことを肯定する信念を持つ環境である。

３つ目は，「民主主義的な理念」が共有されている職場である。民主主義的な理念が共有されていることにより，先の「個人主義」を最もうまく支えることができるのである。

（設問２）

私は，下線部Ａに賛成である。なぜなら，個人を尊重する個人主義は，創造性を発揮するために必要だからである。創造性を発揮するには，多様な個が交わる必要があるといわれている。創造性はイノベーションの源泉であるため，今の時代では，組織における最も重要なコンピタンスなのである。

さまざまな研究結果からいえることは，集団は，パーソナリティ，ジェンダー，年齢，専門性，経験の異なるメンバーからなるとき，タスクを効果的に達成するために必要な条件を備えている可能性が高くなるということである。こうした集団では，多様な意見が取り入れられ同化される過程で，コンフリクトに悩まされるなど手間がかかるかもしれないが，互いに異質の個人から構成される集団は，均一集団よりも効果的に機能するという結論が，過去の研究によって証明されている。多様性がコンフリクトを生じさせ，それが創造性を刺激し，その結果により良い意思決定がなされるのである。

さらに，創造性は，さまざまな人たちの多様な経験が交わる場所で花開くものである。過去の歴史を振り返ってみると，偉大なアイデアは，文化や経験の交わるところで生まれている。パリの凱旋門から放射状に広がる12本の大通りの交通が，凱旋門を周回する環状道路で合流し，ぶつかりあっているように，経験の交わりが多様であればあるほど，意外な物事が思いがけない形で組み合わさる確率が高まるのである。

以上から，創造性を発揮するためには，異質な個が交わることが必要であり，そのためには個人主義を肯定する組織である必要があるといえる。

（設問３）

歴史の長い大企業において，「社員が能動的に日々の決定に参加し，行動に移している組織」を実現するには，フラットな組織構造と権限委譲の２つが必要である。

最初に，大企業の組織において，社員が能動的に日々の決定に参加し，行動に移すことができなくなる原因として，官僚制について説明する。大企業の組織では，職務定義や評価制度，管理会計制度などの規則・手続きが導入され，コミュニケーション手段や伝達経路は形式化され，公式なコミュニケーションが業務フローを支配する。職務や部門などの分業が進み，各部門は専門能力に特化していく。また階層が明確に分けられ，トップマネジメントは中長期的な戦略的意思決定に，ミドルマネジメントは現在の業務遂行に責任を持つようになる。この機械的な管理及び調整システムのことを官僚制と呼ぶ。

しかし，官僚制が進展していくと，規則・手続きに従うことが重視されるようになり，社員は能動的に考え行動することをしなくなる。また，多段階の階層構造の中に身を置くことで，自分の責任範囲は小さく限定的なものになり，仕事のやりがいを感じにくくなる。

そこで必要になるのが，フラットな組織構造と権限委譲である。東出(2018) によると，成長を続けている企業は，ボトムからトップの階層構造としては，4～5階層程度であり，5名程度の小さなグループ単位で業務を遂行している企業が多いということである。小さな組織にしているのは，グループ数を増やし，早期にグループリーダーになれるチャンスを与えるためである。グループリーダーは，グループ内の権限を委譲され，意思決定できる立場であり，リーダーとしての責任感や判断力がついていく。フラットな組織構造とグループリーダーへの権限移譲により，社員は実践の場でリーダーシップを磨いていくことができ，仕事へのやりがいを感じることができるのである。

以上から，社員が能動的に日々の決定に参加し，行動に移している組織を実現するには，フラットな組織と権限委譲が重要である。

解　説

設問1の問題文を要約する形式の問題は，一橋大学大学院経営管理研究科，慶應義塾大学大学院経営管理研究科で頻繁に出題されている。要約問題は，あくまでも問題文を読み取り，それを要約するのであって，自分の考えを述べてはいけない。この点がポイントである。要約問題なのに，自分の考えを述べている方が多くいるが，これでは評価は低くなる。

それに対して，設問2や設問3のように「あなたの意見を根拠とともに具体的に説明しなさい」の場合は，問題文を要約するのではなく，自分の考えを書く必要がある。要するに，問題文中には解答はないので，自分の頭の中にある知識が重要になってくる。

以上のように，問題文中に答えがあるのか，問題文中には答えはなく，自分の考えを述べる必要があるのか。この点をきっちり見極めて解答するようにしていただきたい。

設問1は問題文を要約するだけであるので，設問2の解説から始めることにする。

1　創造性の源泉は多様な個の集まりによる「関連付け思考」

ここでは，設問2の下線部に賛成の立場で解答する場合の解説をする。創造性を発揮するには，多様な個が交わる必要があるといわれている。創造性はイノベーションの源泉であるため，今の時代において最も重要なコンピタンスである。そういった意味で，個人を尊重する個人主義は，創造性を発揮するために必要ということで賛成の立場を取り解説する。なお，「創造性」に関しては，京都大学経営管理大学院，慶應義塾大学大学院経営管理研究科，筑波大学大学院ビジネス科学研究群で出題されている。創造性はイノベーションの源泉であるという視点で考えると，今後，出題が予想される分野である。以下の解説をお読みいただき，しっかり準備をしておいていただきたい。

創造性は，さまざまな人たちの多様な経験が交わる場所で花開くものである。過去の歴史を振り返ってみると，偉大なアイデアは，文化や経験の交わるところで生まれている。パリの凱旋門から放射状に広がる12本の大通りの交通が，凱旋門を周回する環状道路で合流し，ぶつかりあっているように，経験の交わりが多様であればあるほど，意外な物事が思いがけない形で組み合わさる確率が高まるのである。

さまざまな研究結果からいえることは，集団は，パーソナリティ，ジェンダー，年齢，専門性，経験の異なるメンバーからなるとき，タスクを効果的に達成するために必要な条件を備えている可能性が高くなるということである。こうした集団では，多様な意見が取り入れられ同化される過程で，コンフリクトに悩まされるなど手間がかかるかもしれないが，互いに異質の個人から構成される集団は，均一集団よりも効果的に機能するという結論が，過去の研究によって証明されている。多様性がコンフリクトを生じさせ，それが創造性を刺激し，その結果により良い意思決定がなされるのである。

このような多様な個が交わることにより創造性が高まるという現象の背後には，個人のどのようなスキルがあるのだろうか。クリステンセン，ダイアー，グレガーセン（2012）によると，「関連付け思考」，略して「関連付け」と呼ぶ認知的スキルを働かせる必要があるということである。関連付け思考とは，一見無関係に見えるような分野や問題，アイデア，知識を結びつけて考えることである。関連付けが起きるのは，脳が目新しいインプットをさまざまな形で組み合わせ，理解しようとする時である。この関連付けのおかげで，起業家など創造性が必要となる人々は，一見無関係に見える疑問や問題，アイデア，知識を結びつけ，新しい方向性を見出すことができる。画期的なイノベーションは，多様な領域や分野が交わるところで見られることが多い。著述家のフランス・ヨハンソンは，この現象を「メディチ現象」と名付けた。これはルネサンス期のメディチ家が，彫刻家から科学者，詩人，哲学者，画家，建築家など，幅広い分野の人材をフィレンツェに呼び集めたことで生じた創造的な爆発になぞらえた呼び名である。これら多彩な人たちがお互いに結びつき，それぞれの専門分野が交わるところで，新しいアイデアを生み出したおかげで，世界史上最も革新的な時代の１つであるルネサンスが開花したのである。要するに，斬新な発想で物事を考える人は，普通の人が無関係だと考える分野や問題，アイデアを結びつけている。この「関連付け思考」を実現させるためには，互いに異質の個人から構成される集団のほうが可能性が高まるのである。

この関連付けの具体的な事例について，入山（2019）をもとにあげてみる。まずは，トヨタ生産システムの「かんばん方式」である。同方式は，生みの親であるトヨタ自動車の大野耐一氏が，1950年代に米国のスーパーマーケットのモノ・情報の流れからヒントを得て実現したものである。それまでの自動車生産はまず部品を作って（前工程），その部品を組み合わせて完成車にしていた（後工程）。前工程が必要なだけ作り，後工程に「押し出す」流れである。一方のスーパーマーケットでは，顧客が来て必要なものを必要なだけ買っていく。すなわち，後工程が前工程に必要な分だけ「引き取りに来る」のである。この方式なら在庫などのムダを省くことができる。大野氏はこの発想を自動車生産に応用し，かんばん方式の着想のもととしたのである。まさに，「スーパーマーケット」と「自動車生産」という，つながっていなかった知と知が結びついた関連付け思考によって，日本が世界に誇るトヨタ生産システムが生まれたのである。他にもヤマト運輸の中興の祖である小倉昌男氏が宅配便のビジネスを思い付いたのは，吉野家の牛丼ビジネスを学んだ時といわれている（入山，2019）。このように，イノベーションの源泉である創造性を発揮するためには，「関連付け思考」が重要なのである。

以上のように，創造的なものは，異質なものとの組み合わせで生まれる。そういった意味で，異質な個で構成され，個人を尊重する個人主義な組織は創造性を生み出すことにおいて優れた結果を生じさせる。そのために，下線部には賛成の立場なのである。

2　組織のライフサイクル・モデル

組織は成長し規模が拡大してくると，硬直化していく傾向がある。硬直化した組織においては，すべての行動を計画立て，予定どおりに進めていこうとし，社員が自発的に考え行動することを抑制するようになる。よって，歴史の長い大企業においては，社員が能動的に日々の決定に参加し，行動に移している組織というのは，あまり現実的ではない。ここでは，設問３の解答にあたっての前提となる知識として，「組織のライフサイクル・モデル」を紹介する。組織のライフサイクル・モデルとは，組織が誕生してから成長，成熟していく過程をいくつかの段階に分類したモデルで，組織の成長や規模の拡大に応じて，組織の戦略，文化，管理方法等がどのように変化していくのかということを説明するものである。この組織のライフサイクル・モデルを知ることによって，硬直化した組織を打破する方策を考えるヒントを得たいと思う。

なお，組織のライフサイクル・モデルに関しては，東京都立大学大学院経営学研究科で出題されているので，同校を受験する方は知識として頭に入れておいていただきたい。

組織のライフサイクル・モデルは，グレイナー（1972），クインとキャメロン（1983）などが提唱している理論であり，組織の誕生から成長，成熟していく過程を段階的に説明している。ここでは，クインとキャメロン（1983）の説を，桑田＆田尾（2010）を参考にして説明していく。

組織の発展段階は，起業者的段階，共同体段階，公式化段階，精巧化段階という4つの段階に分類される。

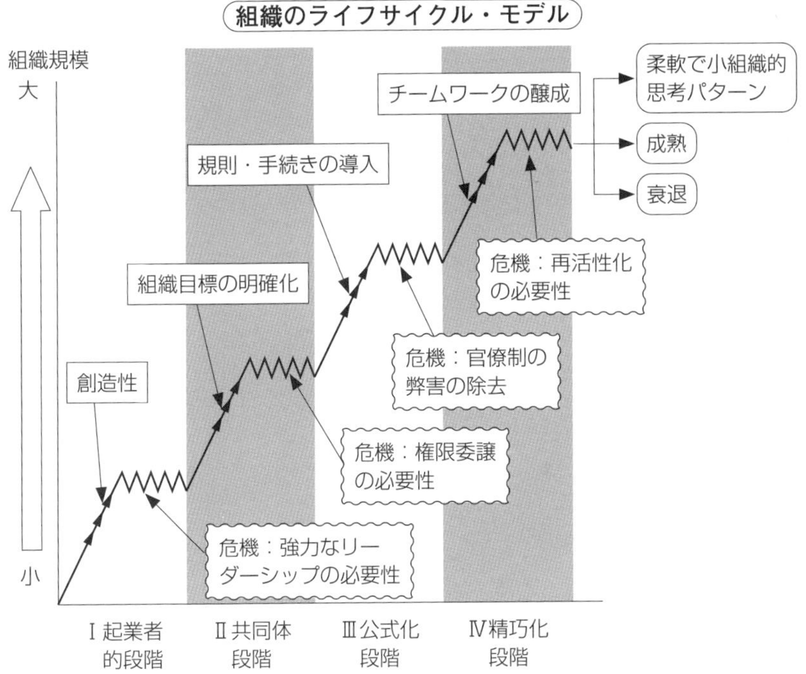

（出所） Daft, R. L.（1992）, *Organization Theory and Design,* 4th ed., West Publishing, p.164.

○　起業者的段階

組織の誕生段階では，企業であれば製品を開発し，市場を開拓するなど，環境の中に自らの生存領域を見出すことが重要である。新しく誕生した組織は，資本家から資金を提供してもらい，その資金を使って供給業者から原材料を調達し製造する。製造するためには，労働者を雇う必要があり，製造した物を顧客に購入してもらう必要がある。このように，組織が生存できるか否かは，資本家，供給業者，労働者，顧客などの外部環境からの支持を得ることができ，必要な資源を組織が獲得できるかどうかに依存している。

この起業者的段階では，創業者の創造性や革新性が重視され，すべての行動を計画立て，予定どおりに進めていこうという予定調和性は低くなるため，「管理」という概念の重要性は低い。組織は，非公式的・非官僚的となる傾向がある（グレイナー，1972）。

しかし，起業者的段階もある程度の企業規模に達すると，創業者の個人的能力だけでは管理できない経営資源量を扱うことになる。新しく雇用される従業員が増えてくるのである。新しい従業員は，運命共同体的存在である立ち上げ当初からのプロパー社員と違い，創業者の夢や理念のみに動機づけされることは少なくなる。そこで，リーダー（創業者）には外部環境の変遷に対応しながら，リーダーシップおよび経営管理技術を獲得していくことが求められるようになる。

○　共同体段階

起業者的段階が，組織と外部環境との関係性を構築する段階であるとするならば，この共同体段階は組織の内部統合をつくり出す段階である。起業者的段階において，組織が強力なリーダーシップを得ることに成功すると，組織内部はある目標に向けて一丸となって走り出し，組織の一員であることに誇りを感じるようになる。従業員間のコミュニケーションや情報伝達の仕組みをつくり上げ，家族的風土が醸成されるようになる。しかし，まだこの段階では，インフォーマルなコミュニケーションや統制が優先されるため，「会社」というより「リーダー個人」の特性に組織が動機づけられている段階である。

共同体段階にある組織の規模がさらに増大し，メンバーの数や階層や役職が増えるにしたがって，リーダー個人の強力なリーダーシップのみでは組織が機能しなくなる。リーダーは強力な使命感のもと，自ら責任を果たそうと権限を自分に集中させる。これに対して，従業員は職務遂行における十分な権限を持っていないと考え出し，コミットメントが低下し始める。いわゆる「権限責任論」が問題になるのがこの段階である。そこで，権限移譲による分権化により，直接トップ・リーダーが指揮することなく，組織を制御・調整できる機構を構築することが必要となるのである。

○ 公式化段階

公式化段階では職務定義や評価制度，管理会計制度などの規則・手続きが導入され，組織は次第に官僚化していく。コミュニケーション手段や伝達経路は形式化され，公式なコミュニケーションが業務フローを支配する。職務や部門などの分業が進み，各部門は専門能力に特化していく。また階層が明確に分けられ，トップマネジメントは中長期的な戦略的意思決定に，ミドルマネジメントは現在の業務遂行に責任を持つようになる。この管理及び調整システムの導入により，組織の安定的成長を図ろうとするのが公式化段階である。

組織がより大きく複雑になるにしたがって，それを有効かつ能率的に管理するには，官僚的な規則・手続き，分業，専門化が不可欠になる。このように組織が機械のようなシステムになっていくと，官僚制の逆機能が弊害となって現れてくる。

官僚制の逆機能とは，官僚制の持つデメリットのことである。アメリカの社会学者マートンの研究（1968）により，官僚制の持つデメリット（逆機能）が明らかにされた。官僚制の逆機能とは，官僚制の導入により規則や手続きの遵守や専門化が進むことで，柔軟な対応ができなくなったり，規則を固守すること自体が組織メンバーの目標に置き換わってしまったり，個人的な成長が阻害されたり，企業の革新的な成長が阻害されたりすることである。官僚制の逆機能は「大企業病」ともいわれているとおり，日本の大企業にも多く当てはまっており，この病気が理由で環境変化に対応できない事例は多々ある。この官僚制の逆機能に関しては，筆者が執筆した『国内MBA受験の小論文対策〈基礎知識マスター編〉』（中央経済社）で詳しく説明しているので，そちらをご覧いただきたい。官僚制の逆機能は，東京都立大学大学院経営学研究科で過去に出題されている。

○　精巧化段階

精巧化段階は，官僚制の危機に対して，組織は多数の部門に分割し，小規模組織の利点を活かしつつ柔軟性を確保しようとする段階である。代表的な例が組織横断型のプロジェクト・チームの組成である。このチームは既存の大組織からは分離され，社長直轄のチームになる。社長以外に判断を仰ぐ必要はなく，大幅に権限が委譲された柔軟性のあるフラットな組織となる。チームメンバーも，各職能から精鋭が集められ，各分野の専門家が自由に議論する環境が整えられる。この組織横断型のプロジェクト・チームは，新規事業の立上げや新商品開発などに用いられることが多い。

精巧化段階では，上記のとおり，組織構造は分権化・権限委譲が進み，全体として分化と統合のバランスが強調されるのである。公式化段階で生じた官僚制の逆機能を打破するために，組織は，多くの経営資源を有していながらも，上記のプロジェクト・チームのように，多数の部門からなる小規模組織としての利点を活かし，環境変化への柔軟な対応を模索し始めるのである。

起業者的段階で設定された理念・社会的使命・ビジョンは，もう今現在の外部環境に対応できないものとなっている可能性がある。企業は新たな使命やビジョンを再定義し，これに合わせて組織を再活性化することが求められる。そして起業者的段階で見られたように，新たな環境に適応するための新たな資源の獲得や，創造と革新を推進し，柔軟で小組織的思考パターンを獲得していくことが求められるのである。

以上，クインとキャメロン（1983）の説を中心に，組織のライフサイクル・モデルを説明した。この説明で，設問3の解答は見えてきたのではないだろうか。硬直化した組織を打破するには，精巧化段階で説明した分権化・権限委譲，フラットな組織がキーワードになる。具体的な施策としては，先に説明したプロジェクト・チームである。プロジェクト・チームは，社長直轄ということで従来型のピラミッド型組織とは違ったよりフラットな形態の組織であり，権限も大幅に委譲されており，チームメンバーの裁量が大きい組織である。

3　フラットな組織と権限委譲

先に説明した組織のライフサイクル・モデルで，歴史の長い大企業において，「社員が能動的に日々の決定に参加し，行動に移している組織」を実現するには，組織としてどんな取り組みが必要かという点に関して，キーワードが浮かび上がった。フラットな組織と権限委譲の２つである。

東出（2018）によると，成長を続けている企業は，ボトムからトップの階層構造としては，４～５階層程度であり，５名程度の小さなグループ単位で業務を遂行している企業が多いということである。小さな組織にしているのは，グループ数を増やし，早期にグループリーダーになれるチャンスを与えるためである。グループリーダーは，グループ内の権限を委譲され，意思決定できる立場であり，リーダーとしての責任感や判断力がついていく。フラットな組織構造とグループリーダーへの権限移譲により，社員は実践の場でリーダーシップを磨いていくことができるのである。

以上で，社員が能動的に日々の決定に参加し，行動に移している組織を実現するには，フラットな組織と権限委譲が重要であることを理解していただけたのではないかと思う。大企業に属している方は，ここでの指摘をもとに，自社の活性化の方策について考えてみていただきたい。

問題８：女性の活躍促進の阻害要因と克服策

以下の文章は，日本企業に課題であるといわれている女性の活躍促進について述べたものである。本文章を読んだ上で，以下の２つの設問に答えなさい。

（制限時間：120分）

（設問１）

下線部Ａの「部長クラスでは女性比率は16%に減り，役員クラスではゼロ」とあるが，これは日本企業では当たり前のことである。なぜ，このようなことが起きるのか，あなたの考えを700字程度で述べなさい。

（設問２）

問題文中の株式会社エスクリは，女性のライフイベントと意思を尊重する仕組みを取り入れて，女性活用に成功した事例である。では，あなたが考える会社での女性活用の取り組みについて事例を用いて説明しなさい。説明にあたっては，問題文の内容を参考にしてもいいし，しなくてもかまわない。いずれの場合においても，自分自身のオリジナルの論点を含めて800字程度で論じなさい。

近年，日本では，女性の活躍推進に力を入れるようになり，女性が自分自身のライフイベントで退職することのないように，育児休暇や時短制度など，女性が働きやすい環境作りを加速する企業が増えてきた。

今回の調査によって，成長ベンチャー企業には，年齢を問わず，女性の活躍の場が多く用意されており，働きたい女性にとってもチャレンジできる場が多くあることがわかった。男女の区別なく，リーダーとしての要素や熱意ある社員を昇進させていることもわかった。成長ベンチャー企業では，日々のコミュニケーションの中で，性別や年齢を意識せずに，社員一人ひとりを尊重した会話がなされている。

女性のリーダーシップ開発

一般的に，「女性は自分自身を過少評価する。」といわれ，昇進願望があっても「自分には無理だ。」と思ってしまう女性も少なからずいる。原因は，育った環境や個人の性格などさまざまであるが，社会や組織がそのように思わせてしまっていることも否めない。「女性が主張することは好まれないのではないだろうか。」「きっとこの会社にもガラスの天井（グラスシーリング）が存在するのだろう。」「家族を持つと昇進やキャリア形成は難しいだろう。」と女性社員が思ってしまい，消極的になっていることも考えられる。「女性だから……」といった無意識のバイアスが存在している可能性がある。なかなか取り払うことができない女性の心のグラスシーリングに対して，成長ベンチャー企業はどのような取り組みを行っているのだろうか。

今回調査した成長ベンチャー企業の創業者に女性の活躍について質問したところ，全員が「女性にもリーダーシップを発揮してもらいたい。」という共通の思いを持っていた。しかし，実際には，成長ベンチャー企業でも「女性はなかなか手を上げてくれない。」「女性は管理職になりたがらない。」「女性は，総合職やマネジメント職よりも，専門職に向いている人が多いのではないか。」という経営者としての悩みを抱えていた。

今回調査したオプトホールディングは，非常に熱心にこの問題に取り組んでいる。まず，女性のライフイベントを考慮した社内制度である。仕事と家庭や育児を両立できるように，育児休暇制度では 2 歳になる 4 月まで育休を取ることができる。2011年には，子供が12歳になるまで，時短取得制度を利用できるようにした。女性のリーダーシップ開発や人材開発といった面では，男女平等に成長の機会を設けている。例として，経営者育成研修という制度があり，社員自ら手を挙げて参加できる。男性，女性問わず広く扉は開かれている。しかし，実際の参加者は男性社員が多い。

チームリーダーまでは，男女でほぼ同じ比率（2016年の時点で，男性社員56%，女性社員44%）である。しかし，部長クラスでは女性比率は16%に減り，役員クラスではゼロだという（A）。そこで，現在は女性部長，女性役員を増やすべく，女性向けリーダー研修をスタートさせ，女性がリーダーになれるような環境を整えようとしている。

「女性は，規模を拡大するという欲求よりは，お客さまを笑顔にさせたいというような感性に訴える欲求が強いので，男性とは目指すリーダー像が異なる。」と，オプトホールディングの鉢嶺社長はその違いを分析している。

オプトホールディングの研修は，女性と男性の違いを認識した上での女性向け研修プログラムとなっており，女性社員のますますの活躍が楽しみなプログラムである。

女性のライフイベントと意志を尊重する

社員の8割が女性であるブライダルサービスの株式会社エスクリでも悩みは大きい。これだけ女性の多い職場であっても，キャリア志向の女性は少ないという。

「女性社員にもマネージャー，部長，取締役になってほしい。でもキャリア志向の女性は，少ないのです。どうしても，家庭を持ちたい。子供がいると幹部になりたくないという女性社員は多いです。」と，エスクリの岩本会長は事情を説明する。

このような女性心理に対して，エスクリでは無理に女性社員の意識を変えようとはしていない。むしろ，女性社員の意思を尊重し，どのようにしたらもっと女性の立場として活躍できるかを工夫している。その1つが，

「マリクリ」という独自の制度である。フルタイムで働けない女性社員に，パートタイムや臨時スタッフとして継続して働いてもらう制度である。これは業界初の試みである。

「ブライダルを職業にする女性は，ブライダルが好きな人です。だから一生やりたいと思っています。ただ，子供が小さいとフルタイムでは働けない。そこで，業界で初めて，週3日でも働ける制度を作りました。ブライダルは，春と秋が多いので，春と秋だけ，それも，1組，2組だけを担当する。いわゆるクラウドソーシングのような仕組みです。」と，岩本会長は，マリクリの考え方と取り組みについて語る。

最初は，エスクリで結婚退職や出産退職した女性を対象にしていたが，社内で意外に好評であったため，ほかのブライダル会社を含めた業界全体に広げたという。すでに登録者は，100人を超えている。春や秋の結婚シーズンは，業界として繁忙期であり，どうしても人手不足になる。そんな時に，マリクリの人たちに声をかけると，「○月だけなら○組ぐらいお手伝いします。」と言って手伝ってくれるという。

女性のライフスタイルを尊重しながら，好きなブライダルにかかわれる仕事のスタイルを提案している。「ブライダル業を一生やりたい。」「この仕事が好き。」という女性の意思を尊重する。業界の常識にとらわれない革新的な取り組みによって，女性が多い業界であるという特徴を強みにして，企業のニーズと社員のニーズのマッチングを実現した好例である。

スイスのビジネススクールIMD教授であるトーゲルは，「女性たちは，置かれた状況に応じて，「挑戦」「バランス」「自分らしさ」という3枚の鏡の位置関係を変え，無数のキャリア・パターンを生み出している。」と述べる。そして，このキャリア・パターンによって，女性は，グラスシーリング（ガラスの天井）を撃ち破ることができると説明する。エスクリの「マリクリ」は，まさに，女性が無数のキャリア・パターンを選択できる制度なのである。

（出所） 早稲田大学校友会ベンチャー稲門会（編）東出浩教（編著）(2018)『ガゼル企業 成長の法則』中央経済社

解答例

（設問１）

部長クラスでは女性が極端に少なくなる原因の一つは，育児は女性がするという認識が一般的なことによる女性特有の葛藤（コンフリクト）があるからである。これをワーク・ファミリー・コンフリクトというが，ワーク・ファミリー・コンフリクトとは，「ある個人の仕事と家族生活領域における役割要請が，いくつかの観点で，互いに両立しないような，役割間葛藤の一形態」であり，①時間，②ストレス反応，③行動，に基づく葛藤の３つがある。

時間に基づく葛藤とは，仕事（家族）役割に費やす時間量が，家族（仕事）に関する役割要請の遂行を妨害する場合に生じるものである。時間は有限なので，ある役割要請の遂行に時間を投資すれば他の役割要請の遂行に投資すべき時間は必然的に少なくなることによって，葛藤が生じる場合で，これは時間に基づく葛藤の典型である。

ストレス反応に基づく葛藤とは，ある役割によって生み出されたストレス反応が，別の役割に関する要請への対応を困難にするという意味で，２つの役割は葛藤状態にあるというものである。

行動に基づく葛藤とは，ある役割に期待される特徴的な行動パターンが，別の役割に期待される行動パターンと両立しない場合，葛藤が経験される。例えば，管理職者であると同時に母親であるとして，管理職者に期待される行動パターン（例，客観的・論理的であること，冷静さなど）と，母親として期待される行動パターン（例，慈愛的・情緒的であること，温かさなど）が対立・矛盾するならば，その人は仕事と家族役割の間で葛藤を経験することになる。

以上のような仕事と家庭の両立を妨げるようなコンフリクトが女性には存在するために，仕事の責任が大きくなるポジションになると女性の数が少なくなるのである。

（設問２）

私が考える会社での女性活用の取り組みとして，女性ならではの感性を活用することが重要であると考える。本問題文のエスクリで実施している「マリクリ」のように，自分が好き，やりたいと思う仕事をできるようにするのである。ブライダル事業は，結婚式の演出や新郎新婦，その家族への思いやりやおもてなしの心が重要な仕事であり，女性ならではの細やかな感性が必要になる。こういった女性の感性が活かせる仕事を用意するのである。

ここでは，女性ならではの感性を活用している企業の一つとして，有限会社原田左官工業所を紹介する。職人気質の男性の親方が幅を利かせる左官業界にあって，同社には女性職人（左官工，タイル工）が多数在職している。

平成２年４月に誕生した「ハラダサカンレディース」は装飾壁床のアイデアを自ら企画し，営業・施工管理・材料配合などまでこなす女性の左官チームである。男女雇用機会均等法が施行され，様々な業界で女性の社会進出が騒がれていた風潮もあり，日経新聞，NHK，TBS，文春などマスコミにも多く取り上げられている。現在は女性だけのチームではなく，男女混合で現場に行くことが通常になったが，今でも８名の女性が現場で女性ならではの感性を活かし大活躍している。新卒で美術大学から入社する人や雑誌の編集者からの転職者など，個性豊かなメンバーである。現実問題，女性は男性と比較して，一般的には体力面で劣ることが多いが，女性の感性を活かした仕上げ等，それぞれの特徴を活かし，その特徴を伸ばすバックアップ体制が確立されている。同社にとって，女性職人の感性・技量は欠かせないものとなっている（原田左官工業所ホームページ）。

この原田左官工業所のように，女性をうまく活用するには，女性ならではの視点で仕事を組み立てなおして，女性が強みを発揮できるように仕事を定義しなおす必要がある。その際には，女性ならではの感性という点を仕事設計の基本にする必要がある。男性視点ではない女性視点での仕事の仕方を創造する必要がある。

解　説

女性の活躍促進は，日本における重要な問題であり，企業経営上もその重要性が増している。そういった背景を踏まえて，国内MBA入試の小論文でも，多数の大学院で出題されている。例えば，慶應義塾大学大学院経営管理研究科，神戸大学大学院経営学研究科，立命館大学大学院経営管理研究科などである。女性に限定せずに，働き方改革という点では，兵庫県立大学大学院経営研究科でも出題されている。今後もさまざまな大学院での出題が予想されるテーマであるので，以下の解説をしっかり頭に入れておいていただきたい。

なお，日本企業における女性の活躍促進に関しては，国内MBA受験で最も重要といわれている研究計画書で，多くの女性の受験生が研究テーマとして設定する傾向がある。そのため，ここでは，女性の活躍促進に関して，時事的な視点だけでなく，学術的な視点からの解説も含めるようにする。

1　日本の女性の就業

本問題の解説に入る前に，日本の女性の就業に関する現実を，令和2年版の『経済財政白書』（内閣府）をもとに説明する。

日本においては，生産年齢人口が減少し，高齢化が進む中，経済社会の活力を維持するため，男女共同参画社会の実現に向けた取り組みを進める中で，女性の活躍促進は重要な課題となっている。同時に，現在進行している少子化は今後の社会経済に与える影響も大きく，特に，2019年の新生児数が前年を大幅に下回り86万人台となったことは「86万ショック」ともいわれ，大きな衝撃をもって受け止められている（内閣府，2020）。

女性の活躍促進と少子化対策を同時に進めるためには，誰もが働きやすく，子どもを産み育てやすい社会を構築することが必要である。しかし，女性の活躍促進は，1980年代と比較すると，大きく前進しているが，現在においても大きな課題となっている。この点を確認するために，以下では，結婚・出産といったライフイベントと就業の関係について考察する。

まず，結婚によって就業状態がどのように変化するかを確認する。結婚前後の妻の就業変化を1980年代後半，90年代後半，2000年代後半，2010年代前半で比較すると，80年代後半には37％程度が結婚を機に退職していたものの，2010年代前半では17％程度まで低下している。一方，結婚後も就業を継続する者の割合は80年代後半には6割を下回っていたが，2010年代前半には7割を上回っている。

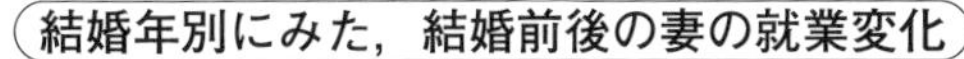
結婚年別にみた，結婚前後の妻の就業変化

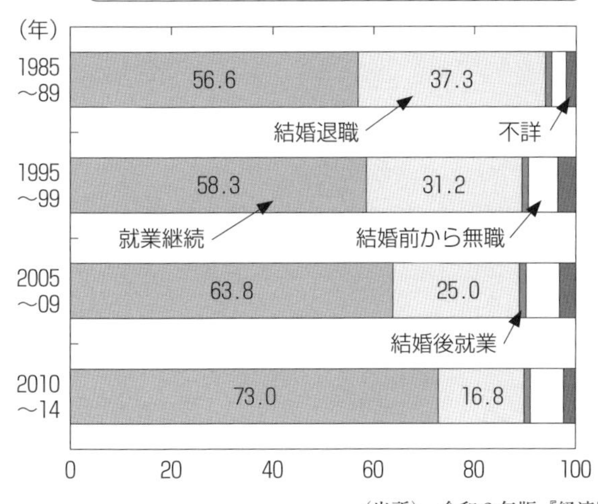

（出所） 令和2年版『経済財政白書』内閣府

また，第１子出産前後の妻の就業状態の変化をみると，80年代後半には24%程度だった就業継続が，2010年代前半には４割近くまで上昇している。そのうち，育児休業を利用した就業継続者の割合は，5.7%から28.3%まで高まっている。しかし，結婚を要因とした退職は減少しているものの，出産を機に退職する者の割合は３割を上回っており，依然として高い。

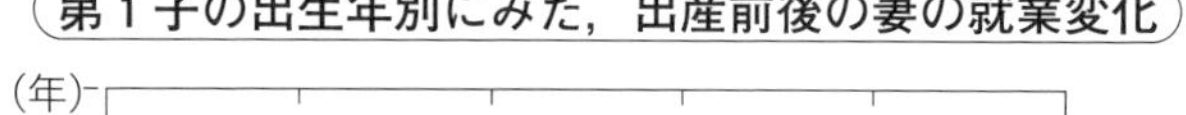

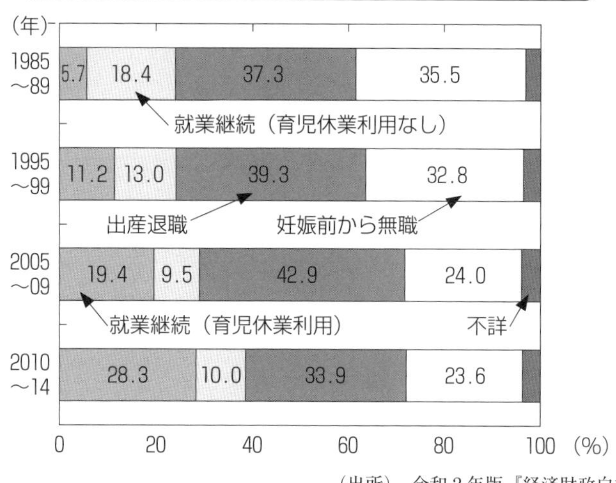

（出所） 令和２年版『経済財政白書』内閣府

次に，第１子妊娠前の従業上の地位別にみた，妻の就業異動パターンを比較する。まず，正規の職員の場合，80年代後半には６割近くが離職していたが，2010年代前半には４割程度にとどまっている。育休を用いた地位継続が過半を超えており，地位継続者に占める育休取得率は約９割となっている。正規の職員については，育児休業の取得がある程度一般化し，継続就業を後押ししている様子がうかがえる。一方，パート・派遣の場合，10年代前半でも75%弱の者が離職しており，育児休業を取得した地位継続の割合は１割程度にとどまっている。正規の職員とパート・派遣の間には，妊娠前後の就業状態に大きな違いがあり，継続就業には雇用形態が大きく

第１子妊娠前の従業上の地位別にみた，妻の就業異動パターン

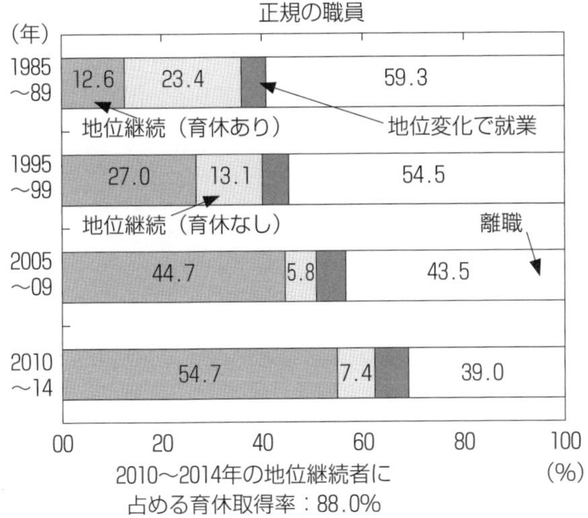

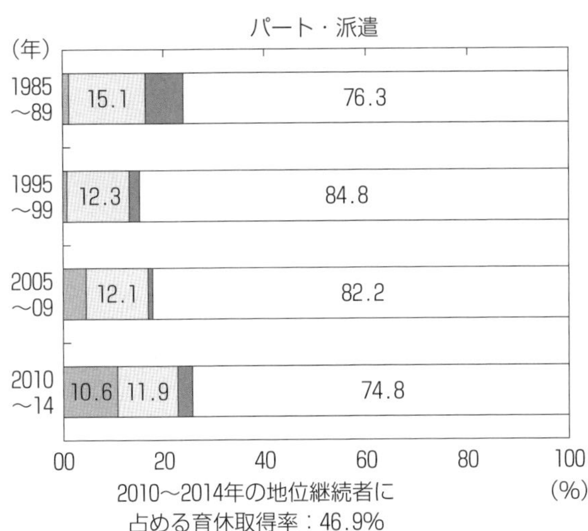

（出所） 令和２年版『経済財政白書』内閣府

影響している。女性の正規化支援については，さまざまな取り組みも進められており，こういったことが継続就業につながっていくことが期待され

る（内閣府，2020）。

2 ワーク・ファミリー・コンフリクト

ここまで説明してきたとおり，女性の活躍促進は，以前と比較すると改善はされているが，現在においても大きな課題となっていることが理解できる。

新聞やビジネス誌などでも，女性の活躍促進が課題となっていることは日々報道されている。その1つが政府が主導する「働き方改革」である。ここでは，新聞やビジネス誌等では報道されない学術的な視点である「ワーク・ファミリー・コンフリクト（work-family conflict）」という概念を用いて，女性の活躍が進まない原因を探っていく。国内MBAでは，入試に研究計画書が課されている大学院が多いが，女性の活躍促進を研究テーマとして取り上げたいと考えている方も多くいると思われる。そういった方のために，女性の活躍促進を研究テーマとして取り上げる際の切り口として，ワーク・ファミリー・コンフリクトは最適ではないかと思い，ここで取り上げることにした。

また，本問題の設問1の解答例としてもワーク・ファミリー・コンフリクトを用いることによって，説得力のある解答が書けることも，同概念をここで紹介する理由である。ただ，設問1の解答は，ワーク・ファミリー・コンフリクトを用いなくても当然問題はない。日本的な雇用の問題点など，設問1の解答の切り口はさまざま考えられるので，自由に解答の切り口は設定していただいて問題はない。

なお，以下の記述は，吉田悟（2007）「ワーク・ファミリー・コンフリクト理論の検証」の引用となっている。

ワーク・ファミリー・コンフリクトは，これまで役割間葛藤の一形態として整理されることが主流であった。役割間葛藤は，役割葛藤の一形態であり，ある集団・組織の構成員であることに伴う役割要請が，別の組織・集団に所属していることに伴う役割要請と，両立しない場合に経験される。

ワーク・ファミリー・コンフリクトとは，「ある個人の仕事と家族生活領域における役割要請が，いくつかの観点で，互いに両立しないような，役割間葛藤の一形態」であり，3形態（①時間，②ストレス反応，③行動，に基づく葛藤）および，「家族生活領域から仕事生活領域への葛藤（Family to Work Conflict：FWC）」と「仕事生活領域から家族生活領域への葛藤（Work to Family Conflict：WFC）」という2方向からなる概念，と定義した（Greenhaus and Beutell, 1985）。

では，上記の3形態（①時間，②ストレス反応，③行動，に基づく葛藤）について，それぞれ説明する。

① 時間に基づく葛藤：仕事（家族）役割に費やす時間量が，家族（仕事）に関する役割要請の遂行を妨害する場合に生じる。これには2つのタイプがある。第1は，時間は有限なので，ある役割要請の遂行に時間を投資すれば他の役割要請の遂行に投資すべき時間は必然的に少なくなることによって，葛藤が生じる場合で，これは時間に基づく葛藤の典型である。第2は，ある役割に関する要請が過重なために十分に達成できず，別の役割に関する要請に対応している最中にも，前者の役割における未達成な課題に気が取られてしまって，葛藤が生じる場合である。

② ストレス反応に基づく葛藤：仕事および家族の役割ストレッサー（例えば，役割内葛藤，役割の曖昧さ，役割の過重）は，緊張，不安，疲労，抑うつ，アパシー，いらいらのようなストレス反応を引き起こす可能性がある。ストレス反応に基づく葛藤は，ある役割によって生み出されたストレス反応が，別の役割に関する要請への対応を困難にするという意味で，2つの役割は葛藤状態にあるというものである。

③ 行動に基づく葛藤：ある役割に期待される特徴的な行動パターンが，別の役割に期待される行動パターンと両立しない場合，葛藤が経験される。例えば，管理職者であると同時に母親であるとして，管理職者に期待される行動パターン（例，客観的・論理的であること，冷静さなど）と，母親として期待される行動パターン（例，慈愛的・情緒的であるこ

と，温かさなど）が対立・矛盾するならば，その人は仕事と家族役割の間で葛藤を経験することになる。また，役割に関連する価値が矛盾することによって，葛藤が生じる可能性がある。

次に，「家族生活領域から仕事生活領域への葛藤（以下略して，FWC)」と「仕事生活領域から家族生活領域への葛藤（以下略して，WFC)」という2つの方向について説明する。

2つの方向について，先の3形態（①時間，②ストレス反応，③行動，に基づく葛藤）に基づいて定義すれば，FWCとは，家事・育児などの家族役割に費やされる時間，ある家族役割によって生じるストレス反応，ある家族役割に期待される特徴的行動パターンが，その人の職務関連の役割要請に対応することを妨げるような役割葛藤に1つの形態と定義できる。同様に，WFCとは，ある職務に費やされる時間，ある職務によって生じるストレス反応，ある職務に期待される特徴的行動パターンが，その人の家族関連の役割要請に対応することを妨げるような役割葛藤に1つの形態と定義できる（Greenhaus and Beutell, 1985)。

このFWC，WFCの実証研究の結果が，吉田悟（2007)「ワーク・ファミリー・コンフリクト理論の検証」に掲載されている。主要な点として，以下の2点を紹介する。

1つ目は，仕事生活と家族生活を調整する所属企業の組織文化の有効性である。トンプソンら（Thompson et al., 1999）は，組織文化が以下の3つの次元から構成されることを明らかにした。

① 部下の家族的責任に関して，上司が配慮・支援する文化
② 家族支援施策の利用や家族的責任に時間を投資することがキャリアに不利な結果を招かないような文化
③ 長時間勤務を要求したり，家族よりも仕事を優先する働き方を要請しないような文化

この3つのうち，①はFWCを緩和する，②はWFCを緩和する，③はFWC，WFCの両方を緩和することが明らかになった。企業の組織文化が

仕事生活と家族生活を調整する傾向にあるかどうかが，ワーク・ファミリー・コンフリクトを緩和する上で重要であることが，吉田（2007）によって明らかになったのである。

2つ目は，所属企業の家族支援施策は，ワーク・ファミリー・コンフリクトを緩和する上で関係がないという点である。企業の家族支援施策は以下の3つから構成されている。

① 柔軟な働き方：フレックスタイム，テレワーク，ジョブ・シェアなどの導入

② 育児支援施策：事業者内外の育児サービス

③ 両親休暇：出産・育児の際の休暇，就業時間の短縮

上記の3つが，吉田（2007）においては，ワーク・ファミリー・コンフリクトを緩和する上で関係がないという結果になっている。とりわけ，家族支援施策の中でも，特に重要と思われる事業所内保育所が利用可能か否かとワーク・ファミリー・コンフリクトとの間に関係がないことは，注目すべきである（二村，2004）。

ここまで，吉田（2007）から，ワーク・ファミリー・コンフリクトについて説明した。吉田（2007）の研究結果は，2007年での研究時点でのものである。そのため，現在（2021年）以降において，同じ実証研究をおこなったならば，まったく違う結果が導き出されるかもしれない。特に，吉田（2007）の所属企業の家族支援施策は，ワーク・ファミリー・コンフリクトを緩和する上で関係がないという点に関しては，まったく異なる結果が出るかもしれない。そういう意味で，ワーク・ファミリー・コンフリクトに興味を持った方は，吉田（2007）をもとにした実証研究をおこなうのも価値ある研究になる。興味のある読者の方は，吉田（2007）をもとに，研究計画書を作成していただきたい。

3　女性を活かす，女性ならではの仕事の仕組み

設問２の解説をするが，ここでは「女性を活かす，女性ならではの仕事の仕組み」という視点から，設問２の解答の解説をする。設問１同様に，この解説以外の解答でも問題はないので，ここは筆者の意見であるということでご理解いただきたい。

多くの先行研究で，男性優位の文化を持つ業界や企業に女性が進出しようとする時には，そこでうまくやっていくために男性のように振る舞わなければならない，文化になじめないがゆえに業界や企業を去る，あるいは，男性のように行動しない代償として，組織内のあまり重要ではない地位に居ながらその業界に残る，等の事例があることが示されている（e. g. Bennett, Davidson, and Gale, 1999）。

先に紹介したワーク・ファミリー・コンフリクトにおいても，女性は特有のコンフリクトに悩まされていることが理解できる。

そういう意味で，筆者は，すべての女性が男性と同じ土俵で働く必要性に疑問を感じる。当然，男性同様に活躍する女性は多くいると思われる。ただ，男性と同じ土俵で働くことを好まない女性が多いということが，上記の先行研究で理解できる。

また，本問題文にも書かれているとおり，「女性はなかなか手をあげてくれない」「女性は管理職になりたがらない」「女性は，総合職やマネジメント職よりも，専門職に向いている人が多いのではないか」というのが多くの女性に当てはまるのではないだろうか。

そこで考えられる女性の活躍の場を作る試みとして，女性ならではの感性を活用することが重要であると考える。本問題文のエスクリで実施している「マリクリ」のように，自分が好き，やりたいと思う仕事をできるようにするのである。ブライダル事業は，結婚式の演出や新郎新婦，その家族への思いやりやおもてなしの心が重要な仕事であり，女性ならではの細やかな感性が必要になる。こういった女性の感性が活かせる仕事を用意す

るのである。

ここでは，女性ならではの感性を活用している企業の１つとして，有限会社原田左官工業所を紹介する。職人気質の男性の親方が幅を利かせる左官業界にあって，同社には女性職人（左官工，タイル工）が多数在職している（柏木，2016）。

平成２年４月に誕生した「ハラダサカンレディース」は装飾壁床のアイデアを自ら企画し，営業・施工管理・材料配合などまでこなす女性の左官チームである。男女雇用機会均等法が施行され，様々な業界で女性の社会進出が騒がれていた風潮もあり，日経新聞，NHK，TBS，文春などマスコミにも多く取り上げられている。現在は女性だけのチームではなく，男女混合で現場に行くことが通常になったが，今でも８名の女性が現場で女性ならではの感性を活かし大活躍している。新卒で美術大学から入社する人や雑誌の編集者からの転職者など，個性豊かなメンバーである。現実問題，女性は男性と比較して，一般的には体力面で劣ることが多いが，女性の感性を活かした仕上げ等，それぞれの特徴を活かし，その特徴を伸ばすバックアップ体制が確立されている。同社にとって，女性職人の感性・技量は欠かせないものとなっている（原田左官工業所ホームページ）。

この原田左官工業所のように，女性をうまく活用するには，女性ならではの視点で仕事を組み立てなおして，女性が強みを発揮できるように仕事を定義しなおす必要がある。その際には，女性ならではの感性という点を仕事設計の基本にする必要がある。男性視点ではない女性視点での仕事の仕方を創造する必要があるのである。

この女性視点での仕事の再定義は，仕事の内容に新たな視点を取り込むことを可能にし，それが顧客サービス上において優位性を発揮する可能性があり，イノベーションの源泉としての女性活用という新たな視点をもたらすことを期待されていると考えることができる。

論理構築型小論文の練習問題

本章では，複数の図を用いて論理構築するタイプの問題を2題提示する。さまざまな図が示すデータをつなぎ合わせて，自分なりの1つのストーリーを作る問題である。このタイプの問題が過去に出題されているのは早稲田大学大学院経営管理研究科のみであるが，論理構築はMBA受験においては必須のスキルである。そのため早稲田大学大学院を受験する方以外も，ぜひ挑戦していただきたい。ここに提示した問題に解答することによって，論理構築スキルだけでなく，データに対する洞察力や感受性なども磨かれる。

論理構築型問題 1

以下に，2021年版中小企業白書から，12の図を抜粋して掲載した。この12の図の中から，ご自身の判断で7つ以上の図を自由に選び出して，それを用いて，自分なりの論理的なストーリーを作りなさい。解答の際は，最初にタイトルを示した上で，具体的なストーリーを書きなさい。字数はタイトルを含めて，800字程度とする。なお，図を引用する際には，「図○○によると～～」という形で解答しなさい。

（制限時間：60分）

図１：完全失業率・有効求人倍率の推移

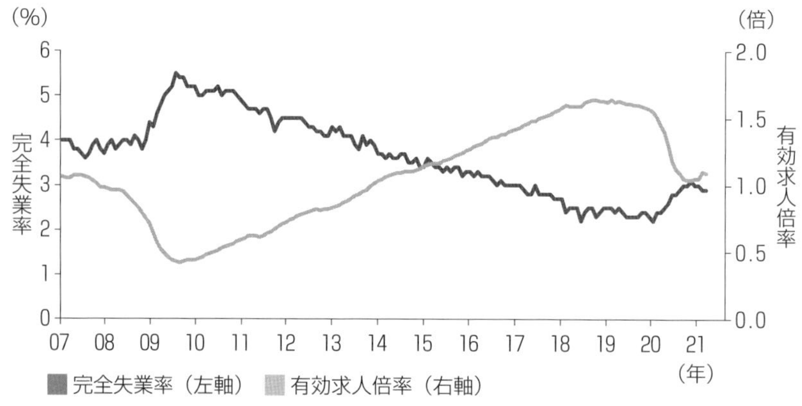

図2：M&A件数の推移

図3：副業者数・追加就業希望者数の推移

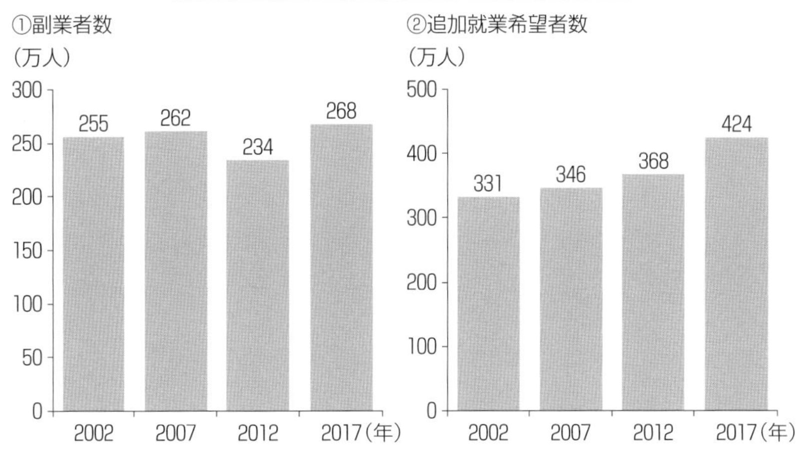

図4：年代別に見た中小企業の経営者年齢の分布

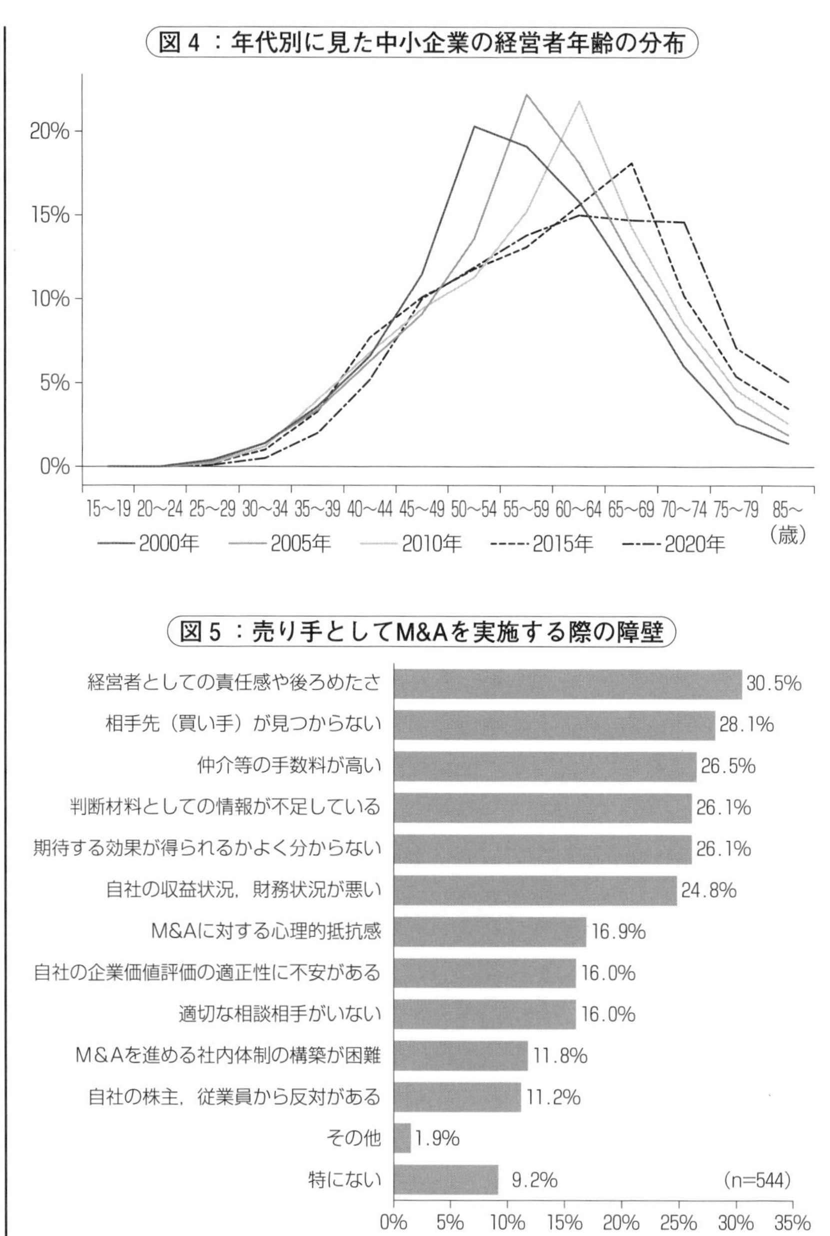

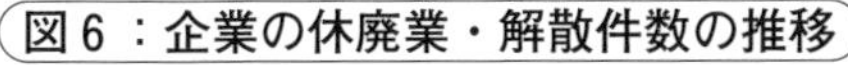

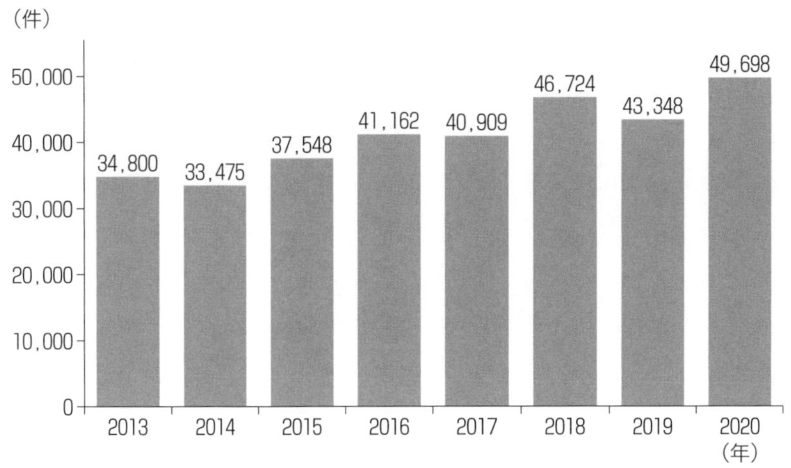

図7：フリーランスという働き方の満足度

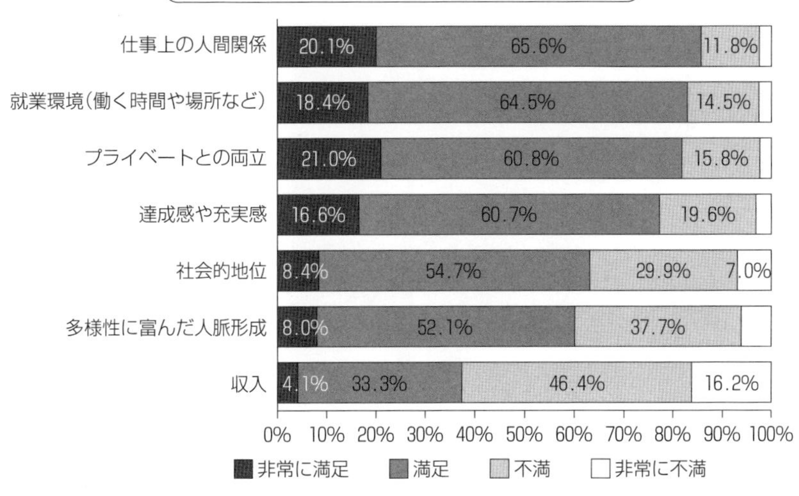

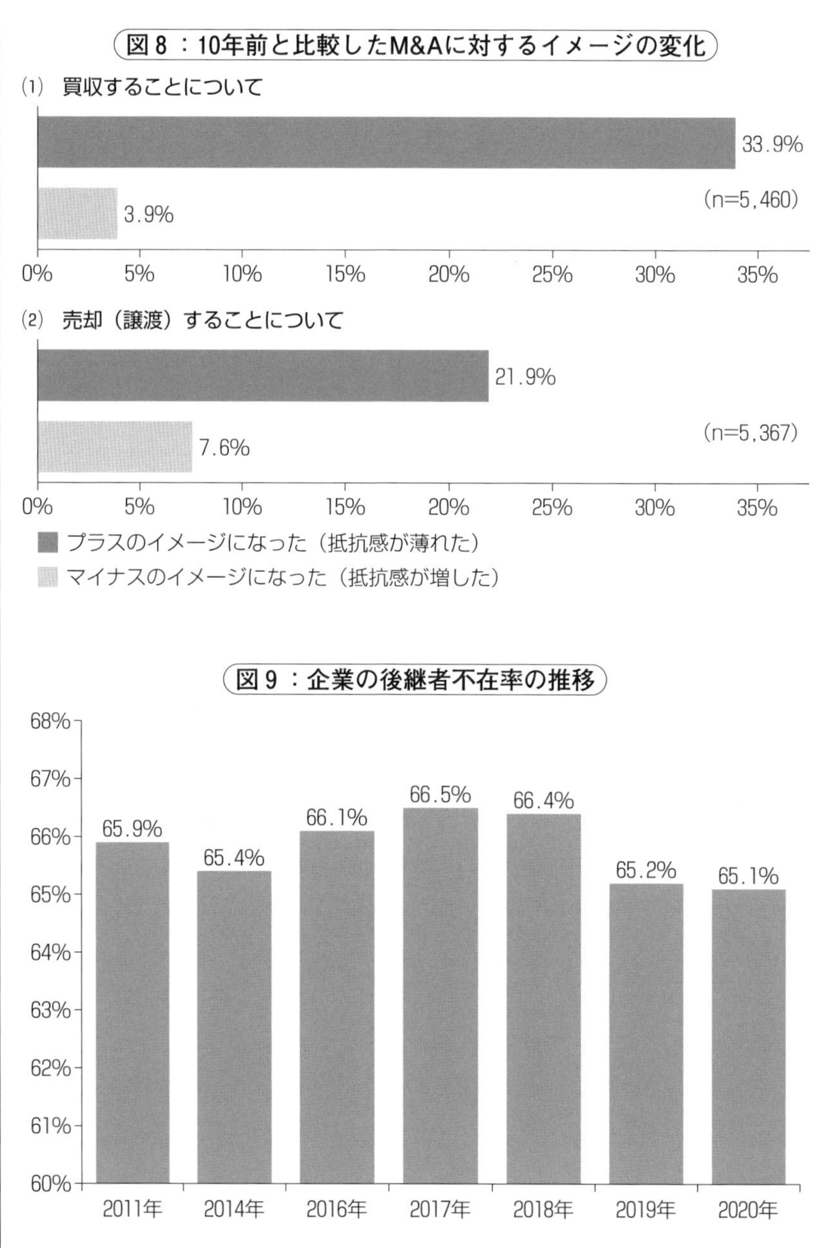
図8：10年前と比較したM&Aに対するイメージの変化
⑴ 買収することについて
33.9%
3.9%
(n=5,460)
0%
5%
10%
15%
20%
25%
30%
35%
⑵ 売却（譲渡）することについて
21.9%
7.6%
(n=5,367)
0%
5%
10%
15%
20%
25%
30%
35%
プラスのイメージになった（抵抗感が薄れた）
マイナスのイメージになった（抵抗感が増した）
図9：企業の後継者不在率の推移
68%
67%
66%
65%
64%
63%
62%
61%
60%
65.9%
65.4%
66.1%
66.5%
66.4%
65.2%
65.1%
2011年
2014年
2016年
2017年
2018年
2019年
2020年

図10：企業規模別従業員一人当たり付加価値額（労働生産性）の推移

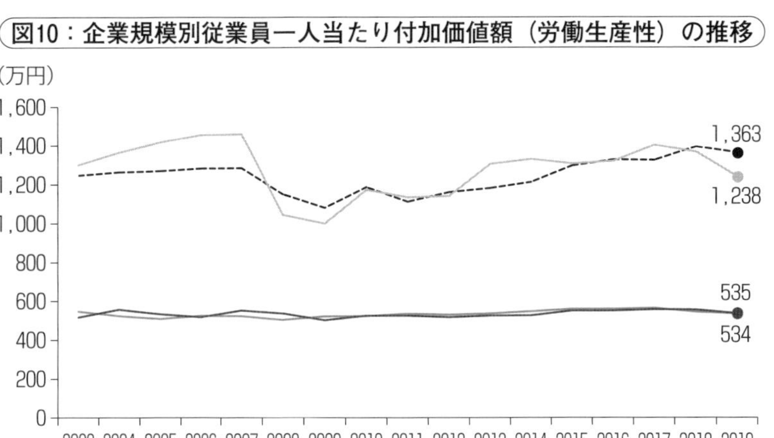

図11：買い手としてM&Aを実施する際の障壁

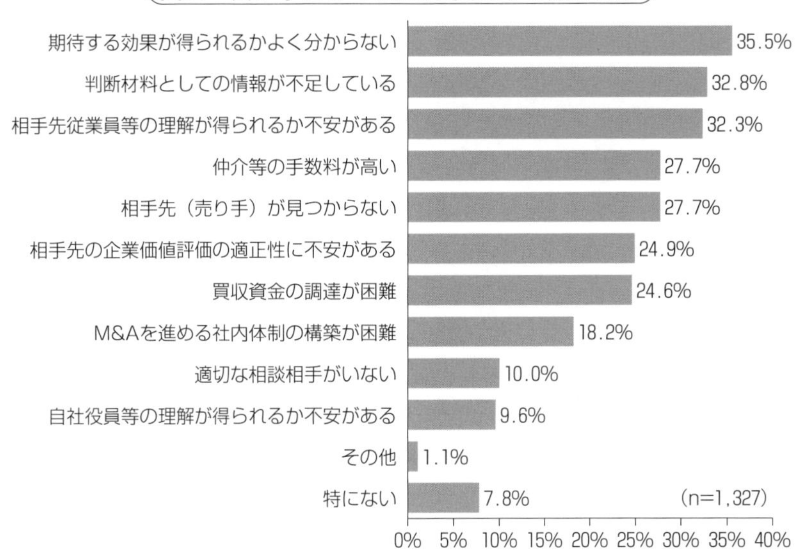

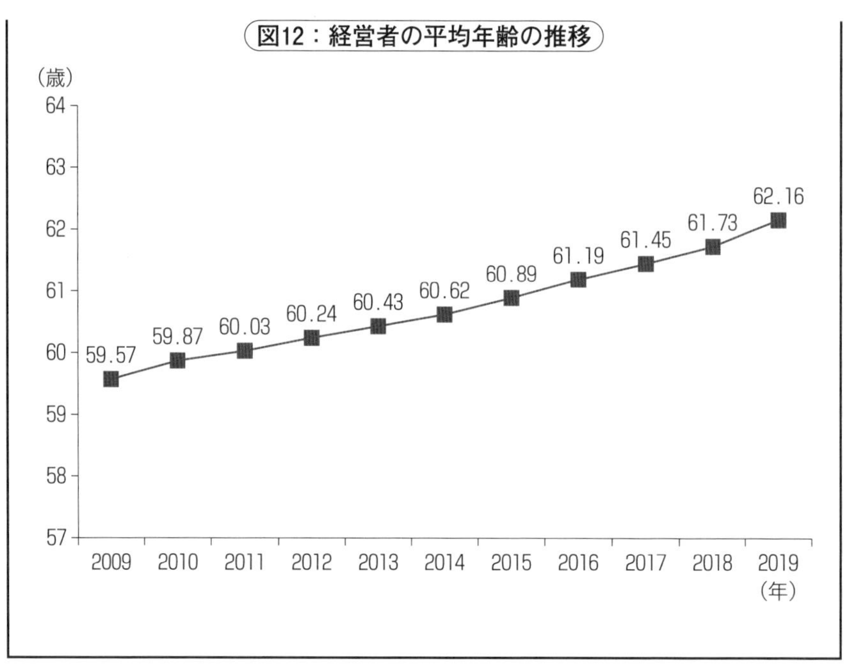
図12：経営者の平均年齢の推移
（歳）
64
63
62
61
60
59
58
57
59.57
59.87
60.03
60.24
60.43
60.62
60.89
61.19
61.45
61.73
62.16
2009
2010
2011
2012
2013
2014
2015
2016
2017
2018
2019
（年）

解答例

経営者の高齢化と中小企業のM&A増加

まず，経営者の高齢化について説明する。図6によると休廃業・解散件数が増加している。2013年には34,800件であった休廃業・解散件数が，2020年には49,698件と過去最高になっている。この原因を考えると，経営者の高齢化があげられる。図12によると経営者の平均年齢は，年々増加しており，2019年には62.16歳と10年前と比較して約2.6歳上昇している。さらに図4の中小企業の経営者年齢の分布を見ると，経営者の高齢化の詳細を見ることができる。高齢化が進んでいても後継者がいれば，企業は継続するが，図9によると，2020年における後継者不在率は，65.1%となっており，経営者の高齢化による休廃業・解散件数の増加を裏付ける結果となっている。

そこで注目されるのが，中小企業のM&Aである。図2によると，近年のM&A件数は劇的に増加している。2020年には新型コロナウイルスの影響で減少しているが，2019年には過去最高の4,088件に達しているのである。

なぜM&Aが注目されるのかを考えると，1つ目は従業員の雇用を守ることができるからである。経営者が高齢化した結果，休廃業してしまうと，失業が発生する。また取引先との取引も終了してしまう。このように，企業を取り巻くステークホルダーにとっては，休廃業は好ましいことではない。そこで雇用や取引を継続できる形での事業承継の形として，M&Aが選択されているのである。

2つ目の理由は，M&Aに対するイメージの変化があげられる。図8によると，10年前と比較したM&Aに対するイメージは大きく変化しており，買収・売却の双方にとって，プラスのイメージが，マイナスのイメージを大きく上回っているのである。このイメージの変化が，図11「買い手としてM&Aを実施する際の障壁」，図5「売り手としてM&Aを実施する際の障壁」という障壁を乗り越えようという気持ちを持たせてくれているのだと考えられる。

以上，日本の中小企業においてM&Aが増加している背景としての経営者の高齢化について説明した。

解　説

図を用いた論理構築型問題である。このタイプの問題が出題されているのは，すでに指摘したが早稲田大学大学院経営管理研究科である。今回は，初回ということで比較的簡単に解答できる問題を出題した。おそらく読者の皆さんは，それほど難しいと感じることなく，自分なりのストーリーを作ることができたのではないかと思う。

このようなたくさんの図表を提示され，その図表をもとに論理構築するには，知っておくと便利なやり方がある。それを以下で紹介する。

ステップ１：グループ化する

まず，たくさんの図をいくつかのグループに分類し，そのグループに名前を付ける。今回の問題の場合は，図２，５，８，11は「M&A」という名前のグループ化ができる。

また，図４，12は「経営者の年齢」という名前のグループ化ができる。

図６，９は「会社の休廃業」という名前のグループ化ができる。

図１，３，７は「働き方」という名前のグループ化ができる。

図10は，どのグループにも属さないので，ここでは外すことにする。

ステップ２：グループ間の関係性を見出す

ステップ１で，以下の４つのグループが導き出された。「M&A」「経営者の年齢」「会社の休廃業」「働き方」である。この４つのグループに何らかの関係性がないかを考えるのである。そうすると，「経営者の年齢」と「会社の休廃業」には関係があることに気付くのではないだろうか。経営者の年齢が高くなれば，休廃業が増えるということである。休廃業が増えると，失業者が増えてしまうので，それを回避する必要がある。その回避策を考えると，「M&A」というキーワードが頭に思い浮かぶのではないだろうか。会社を休廃業するのではなく，どこかに売却すれば，従業員を売却先に引き継いでもらえるし，既存の業務を継続できるので，最良の選択肢である。

最後に，残った「働き方」というのは，上記の流れからは関連性を見出しにくいので，ここでは外すことにする。

ステップ３：ストーリーを作る

ステップ２でグループ間の関係性を見出せたならば，その関係性をつなげて一つのストーリーを作る。今回の問題では，経営者の年齢が高くなって，休廃業が増えている。このまま放置しておくと失業者が増え，その地域の仕事がなくなってしまうというマイナスが生じる。それを回避するための方策として，M&A が用いられるのである。このようなストーリーを作ることができる。

ステップ４：グループ内の図表間の関係性を考える

「M&A」というグループ内には，「M&A 件数の推移」「10年前と比較した M&A に対するイメージの変化」「買い手として M&A を実施する際の障壁」「売り手として M&A を実施する際の障壁」の４つの図がある。この４つの図の関係性を考えるわけだが，この４つの図から，以下のロジックが導き出される。

「中小企業のM&Aは年々増加している」→「日本ではM&Aに対する障壁があるといわれている」→「しかし，その障壁を乗り越えてでもM&Aに乗り出す企業が増えている要因として，M&Aに対するイメージの変化があげられる」

「会社の休廃業」というグループ内には，「休廃業・解散件数の推移」「後継者不在率の推移」の2つの図がある。これは「後継者不在率が高い」→「休廃業・解散件数が多い」というロジックになる。

「経営者の年齢」というグループ内には，「年代別に見た中小企業の経営者年齢の分布」「経営者の平均年齢の推移」の2つの図がある。こちらの2つは，どちらも経営者の高齢化が進んでいることを示しており，並列関係にある。そのため，同列の扱いとする。

本問題の論理構成の例

以上のステップ1～ステップ4をもとに，図表を7つ以上用いたストーリーは以下のようになる。

休廃業・解散件数が増加している（図6）。
原因は，経営者の高齢化（図12）。
中小企業の経営者の年齢分布を見ると，年々高齢化が進んでいることがわかる（図4）。
高齢化が進んでも後継者がいれば問題はないのだが，後継者不在率は高止まりしている（図9）。
これが休廃業・解散件数が増加している原因である。

そこで注目されるのが，中小企業のM&Aである。
中小企業のM&Aは年々増加している（図2）。
日本ではM&Aに対する障壁があるといわれている（図5，11）。

しかし，その障壁を乗り越えてでもM&Aに乗り出す企業が増えている要因として，M&Aに対するイメージの変化があげられる（図8）。

以上から，本ストーリーのタイトルは，「経営者の高齢化と中小企業のM&A増加」となる。

なお，この解答例は，あくまでも筆者の考えたストーリーであり，12の図のうち，7つ以上を用いて，各自で自由なストーリーを作成していただいて問題ない。論理的なストーリーの構築ができていれば問題はないので，ご自身の創造性を発揮していただきたい。

論理構築型問題 2

以下に，令和２年版経済財政白書，中小企業白書，厚生労働白書から，12の図を抜粋して掲載した。この12の図の中から，ご自身の判断で８つを自由に選び出して，その８つを用いて，自分なりの論理的なストーリーを作りなさい。解答の際は，最初にタイトルを示した上で，具体的なストーリーを書きなさい。字数はタイトルを含めて，800字程度とする。なお，図を引用する際には，「図○○によると～～」という形で解答しなさい。
（制限時間：60分）

図１：中小企業白書：長時間労働者の比率（国際比較）

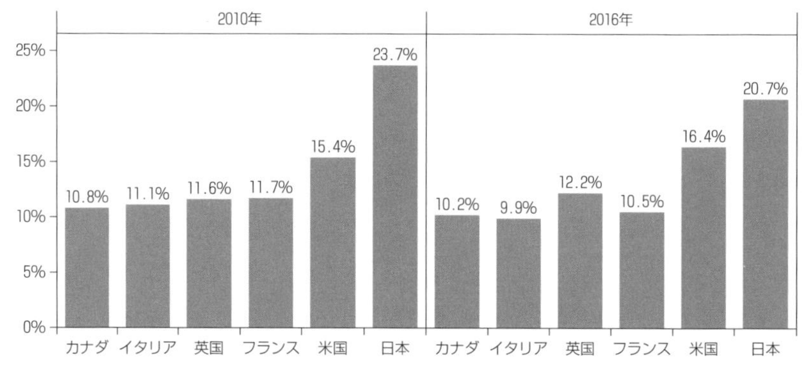

図2：中小企業白書：ICT投資額の推移（国際比較）

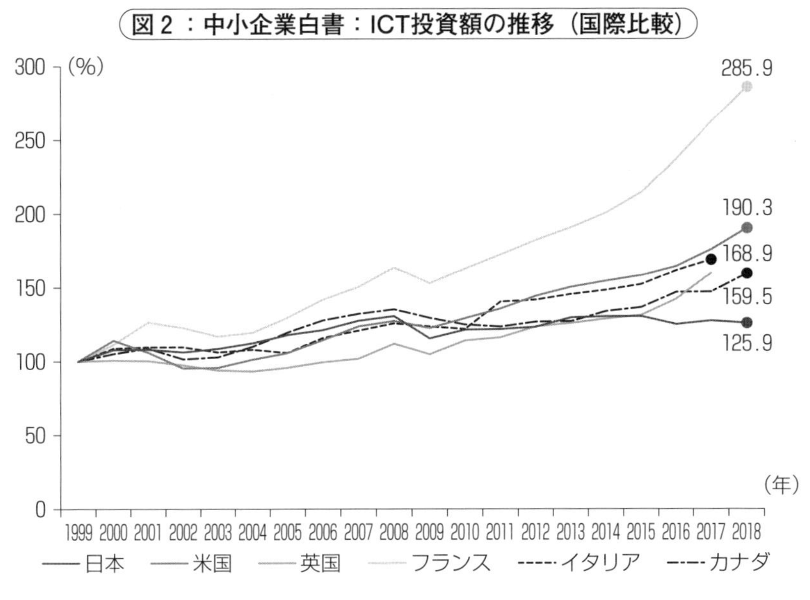

図3：経済財政白書：男女別の育児休業取得者割合の推移

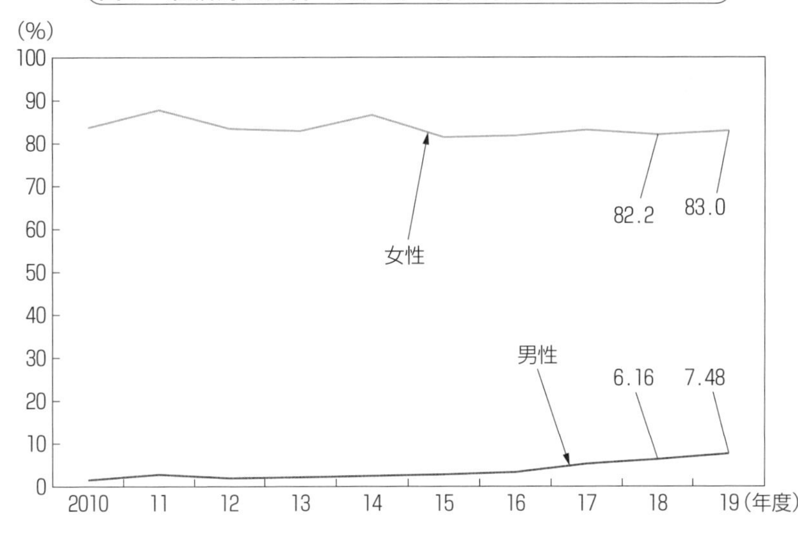

図４：経済財政白書：シェアリングエコノミーの市場規模の推移と見通し

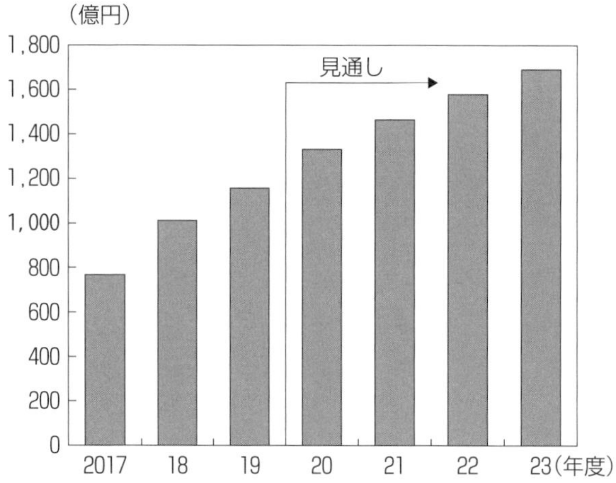

（注） シェアリングエコノミーとは，個人等が保有する活用可能な資産等を，インターネット上のマッチングプラットフォームを介して他の個人等も利用可能とする経済活動を指す。具体的には，民泊や会議室といった「空間のシェア」，カーシェアリングやシェアサイクルといった「移動のシェア」である。

図５：経済財政白書：サブスクリプションの市場規模の推移と見通し

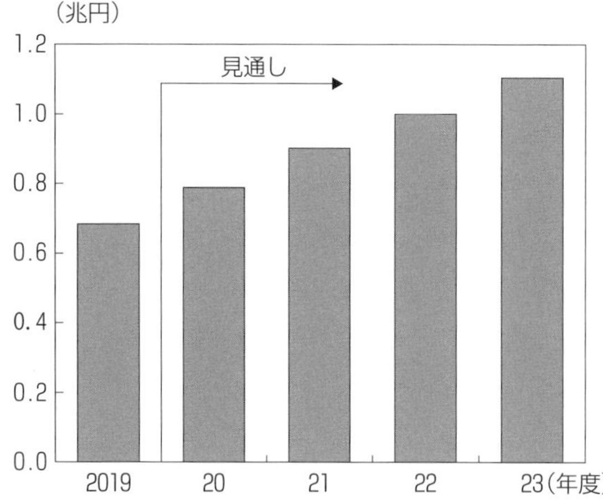

（注） サブスクリプション（略して，サブスク）とは，一定の利用期間について定額料金が生じる取引・契約形態を指し，新聞の定期購読といった従来型のものから，動画配信，電子書籍などインターネットの発達によって始まった新しいサービスまでさまざまある。

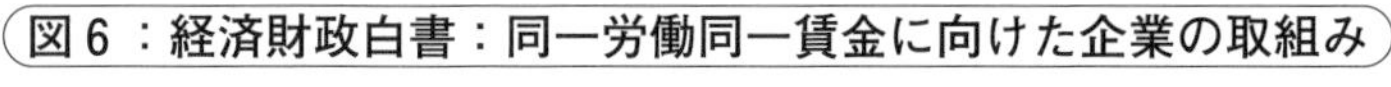

図6：経済財政白書：同一労働同一賃金に向けた企業の取組み

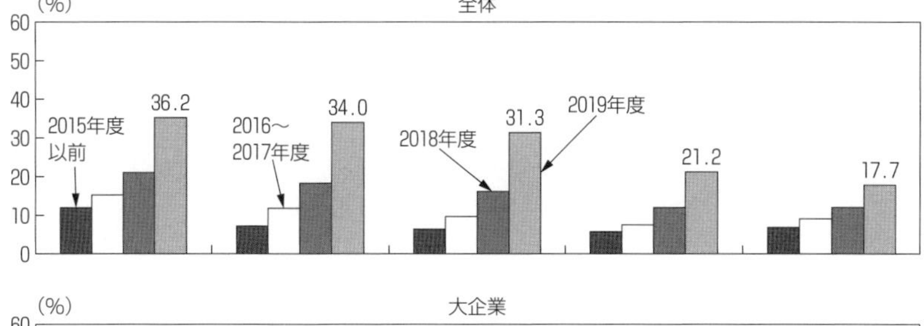

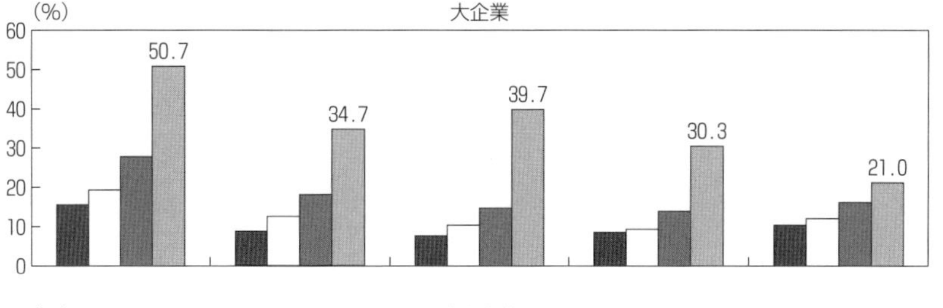

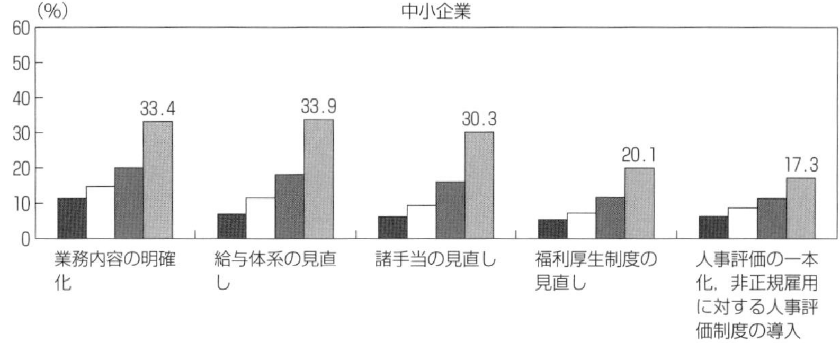

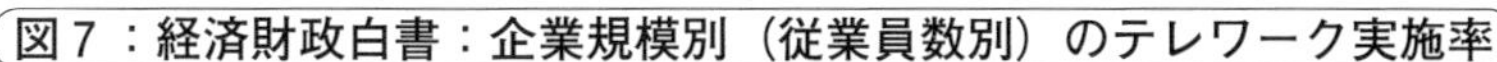

図7：経済財政白書：企業規模別（従業員数別）のテレワーク実施率

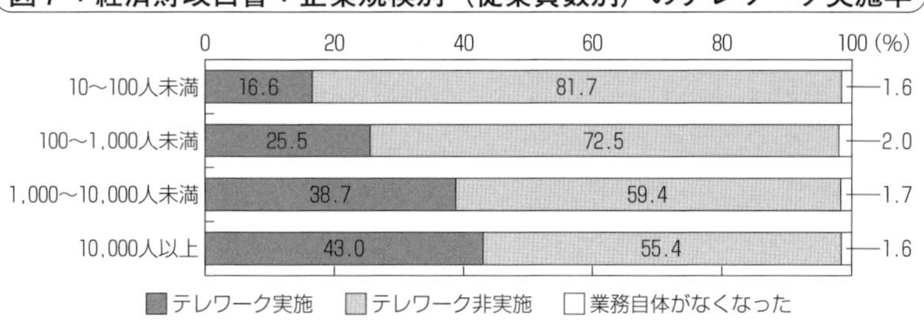

図８：経済財政白書：教育・行政のIT化

(1) 教育現場のIT化（2018年）

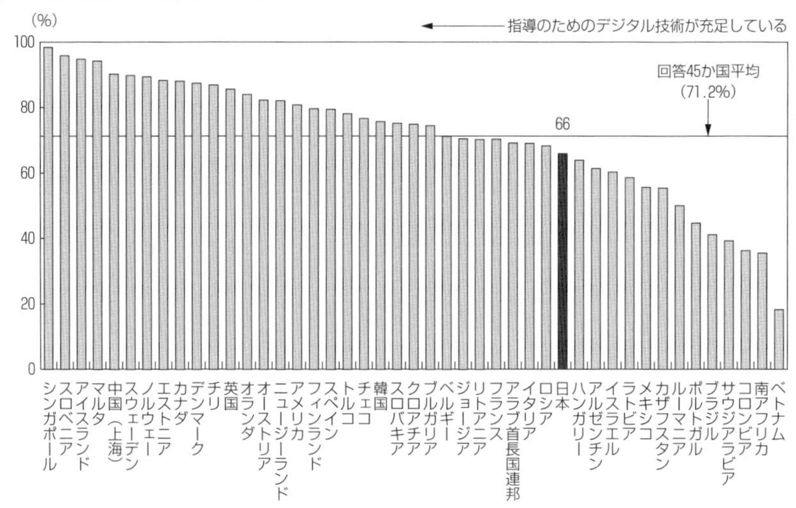

(2) 行政手続きのオンライン化（2018年）

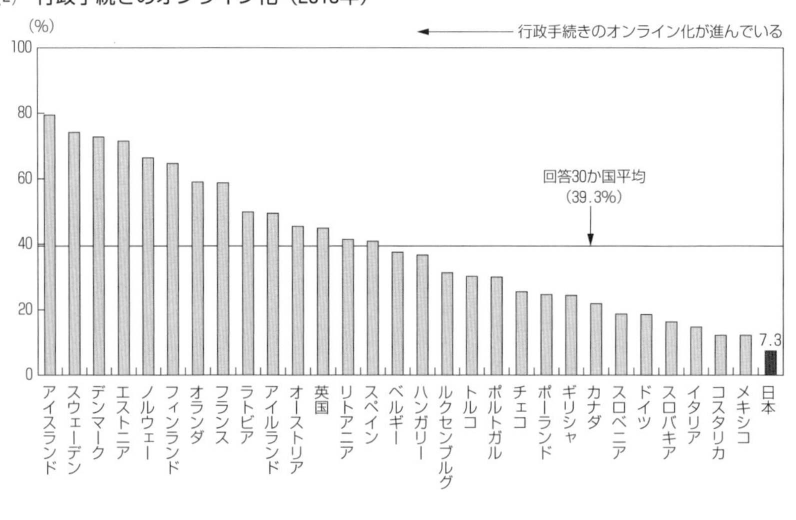

図9：中小企業白書：IT人材の確保状況

デジタル化の取組全体を統括できる人材

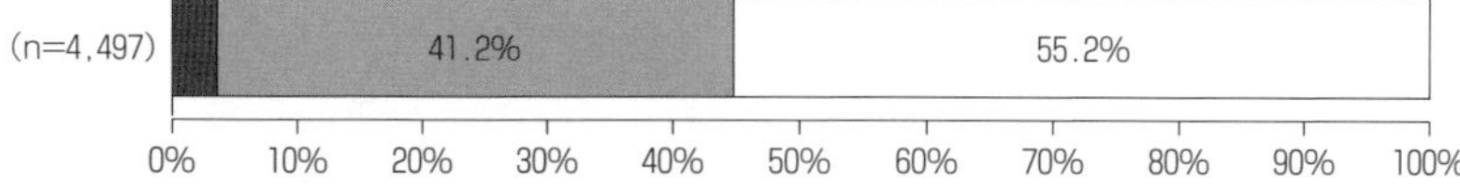

IT ツール・システムを企画・導入・開発できる人材

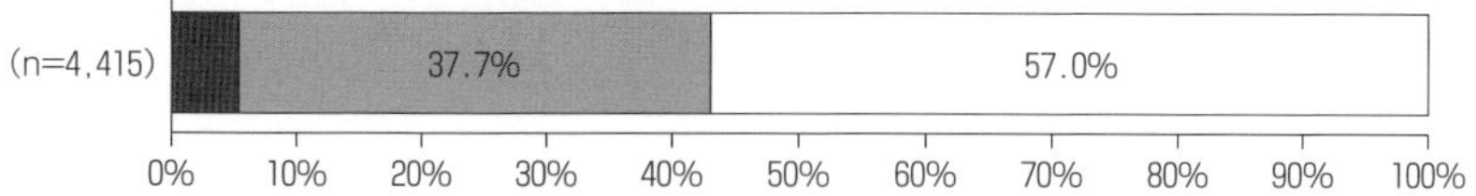

IT ツール・システムを保守・運用できる人材

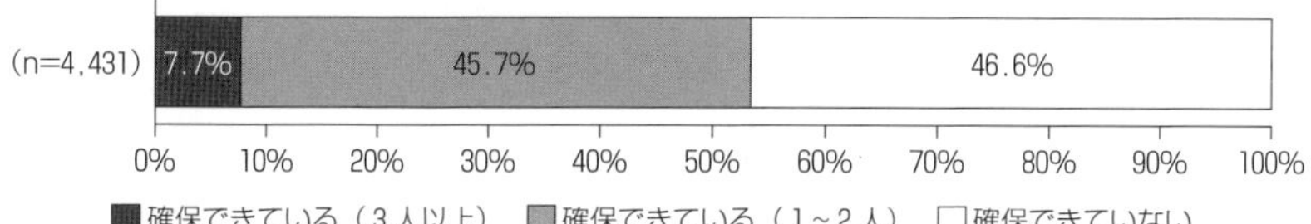

■確保できている（3人以上）　■確保できている（1～2人）　□確保できていない

図10：経済財政白書：サブスク等を利用したことがあるもの

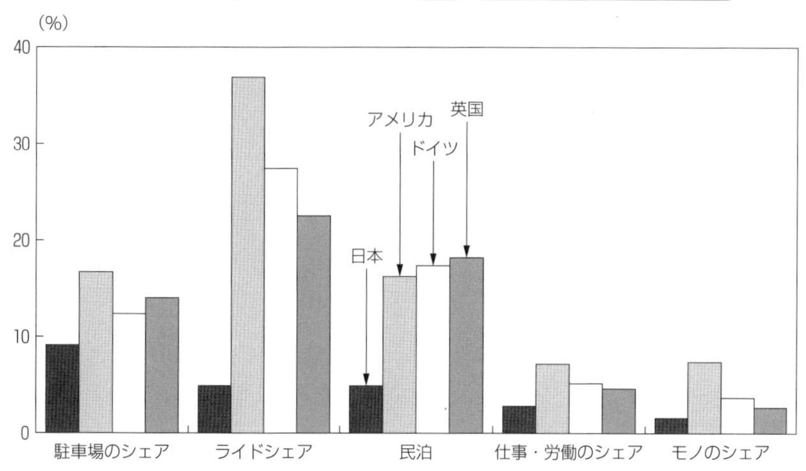

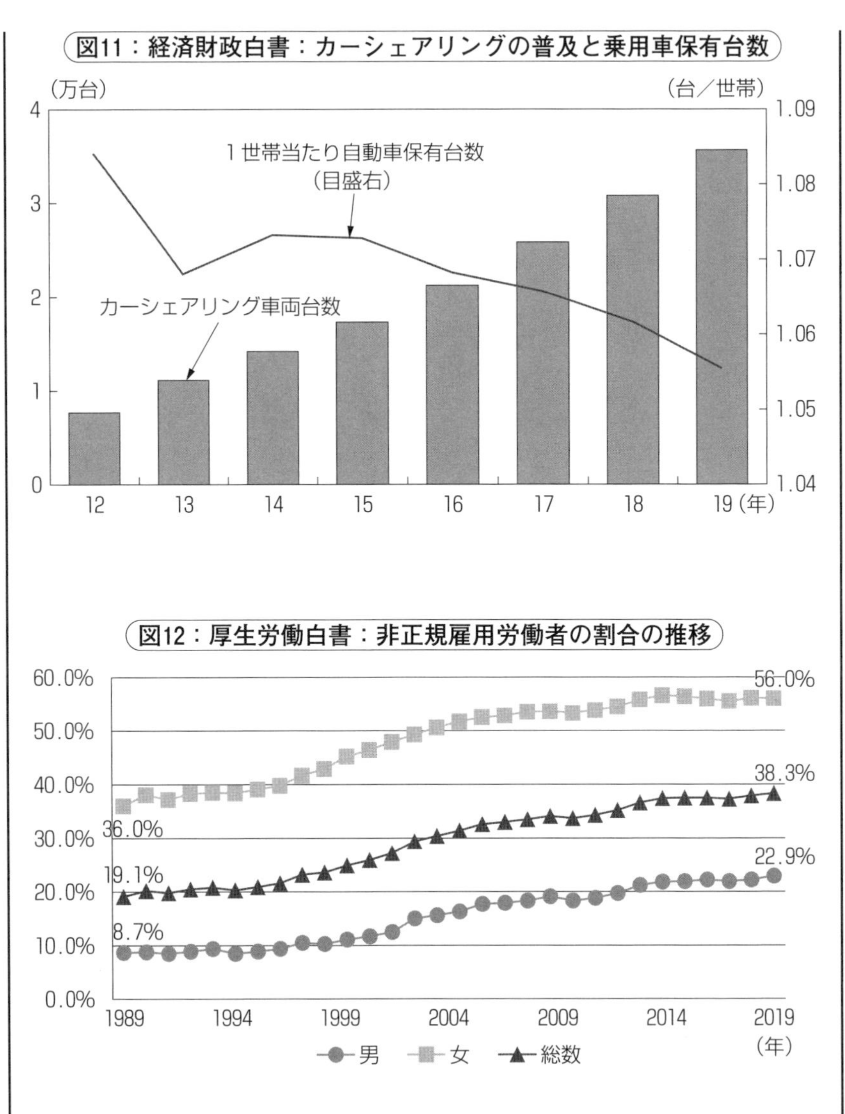
図11：経済財政白書：カーシェアリングの普及と乗用車保有台数
（万台）
（台／世帯）
1世帯当たり自動車保有台数
（目盛右）
カーシェアリング車両台数
4
3
2
1
0
1.09
1.08
1.07
1.06
1.05
1.04
12
13
14
15
16
17
18
19（年）
図12：厚生労働白書：非正規雇用労働者の割合の推移
60.0%
50.0%
40.0%
30.0%
20.0%
10.0%
0.0%
56.0%
38.3%
36.0%
22.9%
19.1%
8.7%
1989
1994
1999
2004
2009
2014
2019
（年）
男
女
総数

解答例

「働き方改革の現状と，その阻害要因」

現在，日本では働き方改革が進められている。日本は，「少子高齢化に伴う生産年齢人口の減少」「育児や介護との両立など，働く方のニーズの多様化」などの状況に直面している。こうした中，投資やイノベーションによる生産性向上とともに，就業機会の拡大や意欲・能力を存分に発揮できる環境を作ることが重要な課題になっている。

「働き方改革」は，この課題の解決のため，働く方の置かれた個々の事情に応じ，多様な働き方を選択できる社会を実現し，働く方一人ひとりがより良い将来の展望を持てるようにすることを目指すものである。

しかし，日本における働き方改革の現状を見ると，依然として進んでいないことが見て取れる。まず図1からは，日本は先進国の中では突出して労働時間が長くなっていることが理解できる。また，図6からは，同一労働同一賃金の実現も進んでいない現状がある。さらに，図7からは，テレワークの実施率は依然として低い現状が理解できる。

上記のように働き方改革が進まない原因の1つは，日本のIT化の遅れにある。図2から，ICT投資額は国際的に見て，日本が最も少なくなっている現状が理解できる。また，図8からは，教育・行政のIT化も日本は大きく遅れていることがわかる。このような遅れが生じる原因は，IT人材の確保ができていないことにある（図9）。

働き方改革が進まない原因の2つ目は，「男性優位の社会的風潮」である。図3から，育児休業取得者は圧倒的に女性が多く，男性が取得することはかなり少ない現状が読み取れる。また，図12から，非正規雇用労働者も圧倒的に女性が多くなっていることも読み取れる。日本では，依然として育児は女性がやるものという認識が浸透しているのである。

以上，日本では働き方改革が叫ばれているが，まだまだ改革は進んでいない現状がある。その原因は，IT 化の遅れと男性優位の社会的風潮がある。

解　説

前問題の解説で説明した手順で解答を作成していく。

まずステップ１の「グループ化」である。図２，８，９を見ると，「日本のIT 化と課題」というグループ名を付けることができる。図２，８からは日本のIT 化の遅れが確認でき，図９からは，その原因としてIT 人材の確保ができていないことがわかる。

次は，図３，12を見ると，「男性優位の社会的風潮」というグループ名を付けることができる。図３では，育児休業の男性取得率が低くなっており，育児は女性がおこなうという認識が社会に根付いていることがわかる。図12では，非正規雇用は圧倒的に女性が多く，こちらからも男性が働いて，女性は補佐的な立場にいることがわかる。

また，図１，６，７を見ると，長時間労働者，同一労働同一賃金，テレワーク実施率など現在政府が推し進めている「働き方改革」に関することであると理解できる。そこで，図１，６，７は「働き方改革」というグループ名を付けることができる。図１からは，日本は先進国の中では突出して労働時間が長くなっている実態が理解できる。また，図６からは同一労働同一賃金の実現は，まだまだ進んでいないことが理解できる。図７からは，テレワークの実施率は依然として低くなっていることがわかる。特に，規模が小さい企業ほど実施できていないことが理解できる。３つの図からいえることは，働き方改革がなかなか進んでいない現実が浮き彫りになったといえる。

最後が，図４，５，10，11であるが，この４つを見ると，シェアリングサービス，サブスクリプションに関することであると理解できる。そこで，図4，5，10，11は「シェアリング・サブスク」というグループ名を付ける。

次は，ステップ2の「グループ間の関係性を見出す」である。ステップ1で見つけた4つのグループの関係性を見出す。ここでは，筆者が考えるグループ間の関係性について述べる。「日本のIT化と課題」（図2，8，9のグループ）と「男性優位の社会的風潮」（図3，12のグループ）の2つが，「働き方改革が進んでいない」（図1，6，7のグループ）という結果を生んでいる，という関係性が見えてくる。図4，5，10，11の「シェアリング・サブスク」のグループは，ここではグループ間の関係性を見出せないので，ここでは除外して考える。この「シェアリング・サブスク」のグループを除外したとしても，すでに設問の要求である8つ以上の図を用いて，という条件は満たせているので，問題ないと考え，次のステップに進む。

次は，ステップ3の「ストーリーを作る」である。日本では依然として「働き方改革が進んでいない」（図1，6，7のグループ）といえるが，その原因の1つは，「日本のIT化の遅れ」（図2，8，9のグループ）にある。また，IT化を推進するにあたってのIT人材の確保ができていないことも原因の一つである。2つ目の原因は，「男性優位の社会的風潮」（図3，12のグループ）である。育児は女性がおこなうという認識が社会に根付いているのである。以上のようなストーリーが導き出せる。

最後が，ステップ4の「グループ内の図表間の関係性を考える」である。「働き方改革」のグループは，図1「長時間労働者」，図6「同一労働同一賃金」，図7「テレワーク実施率」であるが，どの図も働き方改革が進んでいない現実を述べているので，図の間の関係性ではなく，働き方改革の現実を示すデータと捉えるといいと思う。

「男性優位の社会的風潮」のグループは，図３「男女別の育児休業取得者割合の推移」，図12「非正規雇用労働者の割合の推移」であるが，どの図も男性が働き女性が育児をするということを示しているので，図の間の関係性ではなく，こちらも男性優位の社会的風潮の現実を示すデータと捉えるといいと思う。

「日本のIT化と課題」のグループは，図２「ICT投資額の推移（国際比較）」，図８「教育・行政のIT化」，図９「IT人材の確保状況」であるが，図２，図８から日本におけるIT投資が進まない現実が読み取れる。その原因として図９のIT人材が不足していて各企業が確保できていない現実が理解できる。

本問題の論理構成の例

以上のステップ１～ステップ４をもとに，図を８つ以上用いたストーリーは以下のようになる。

日本では依然として「働き方改革が進んでいない」

証拠となるデータ①：図１からは，日本は先進国の中では突出して労働時間が長くなっている。

証拠となるデータ②：図６からは，同一労働同一賃金の実現は，まだまだ進んでいない。

証拠となるデータ③：図７からは，テレワークの実施率は依然として低い。

このように働き方改革が進まない原因の１つ目は，「日本のIT化の遅れ」である。

図２から，ICT投資額が国際的に見て，日本が最も少なくなっている。

図８から，教育・行政のIT化も日本は大きく遅れている。

このようなことが起きる原因は,

図9から，IT人材の確保ができていないことにある。

働き方改革が進まない原因の2つ目は,「男性優位の社会的風潮」である。

図3から，育児休業取得者は圧倒的に女性が多く，男性が取得することはかなり少ない。

図12から，非正規雇用労働者も圧倒的に女性が多くなっている。

以上から，本ストーリーのタイトルは,「働き方改革の現状と，その阻害要因」となる。

なお，この解答例は，あくまでも筆者の考えたストーリーであり，12の図のうち，8つを用いて，各自で自由なストーリーを作成していただいて問題ない。論理的なストーリーの構築ができていれば問題はないので，ご自身の創造性を発揮していただきたい。

第5章 研究計画書作成上の心構え

本章では，国内 MBA 入試で最も重要といわれている研究計画書について，その作成上の心構えや作成前に知っておくべき重要ポイントについて説明する。筆者は18年前の2003年に，中央経済社から『国内 MBA 研究計画書の書き方―大学院別対策と合格実例集』を出版した。今でも売れているベストセラーであるが，この18年間の多くの受験生の研究計画書作成指導を通して，2003年当時の同書執筆の時点では気付いていなかった点がある。それは，研究計画書作成上のテクニカルな細かい点ではなく，研究計画書作成前に知っておくべき心構えについてである。詳細は後述するが，国内 MBA 入試の研究計画書においては，従来の大学入試のような先生の言うことを忠実に実行するような「型にはまる」タイプ，「型を守る」タイプは合格しにくい。「型を破る」タイプが求められているのである。この点を知らずに，研究計画書を作成していては何度受験しても合格できない。このことを18年間の受験指導を通して知った。実際に，早稲田大学大学院経営管理研究科などの難関校は何度受験しても不合格になっている方が多くいる。そういう方は，ここで説明する点を理解していないのである。

筆者の18年の受験指導経験からわかった，合格するための研究計画書作成のための重要ポイントを以下に説明する。何度受験しても合格できないという方は，ぜひ本章を読んで，自分が研究計画書作成にあたっての心構えや重要ポイントを押さえているかを振り返っていただきたい。

1　合格する研究計画書が作成できる人は「型を破る」タイプ

日本人の多くは，まわりと同じであることを良しとする傾向がある。そのためか日本では，マニュアル本が売れる。ある特定の型に当てはまっていることを良しとするのである。ただ，これは国内 MBA 入試に関していえば大きなマイナスである。

筆者が学んだ早稲田大学大学院経営管理研究科の東出浩教教授の指導方針は「型を破る」であった。既存の型に当てはまらない「型を破る」ような発想や思考が賞賛された。東出教授から在学中に言われたこととして印象に残っている言葉は，「変わっていればいるほど価値がある」である。

国内 MBA では，型を守るタイプよりも，型を破るタイプの思考や発想ができる人材が好まれる。型を破るタイプの人材を国内 MBA 側が求める理由は，こういった人材と一緒に学んだほうが大学教授も楽しいからである。型を破るということは，大学教授が知らなかった領域や分野に及ぶ研究をしたいと考える学生である。大学教授とはいえ，実務の世界で起きていることを知っているわけではない。研究が仕事であるので，実務には長けていないかもしれない。そういった場合に，自分が知らなかった領域や分野の知識をもたらしてくれる学生というのは，その教授にとっては，自分の研究の視野を広げてくれる存在であり，ぜひ一緒に学びたいと考えるのである。

筆者も18年以上もの長い間，国内 MBA 受験指導をしてきたが，筆者が知らない未知の領域に踏み込んだ研究テーマや方法論を提示してきた受講生の指導は楽しかった。自分の知識の幅が広がる喜びがあった。

そう考えると，国内 MBA の研究計画書で最も大切なことは，その受験生の個性であり，その個性を活かした創造性だといえる。教授の教えを忠実に実行するような型にはまったタイプではなく，教授の知らない領域に自分から率先して飛び込んで，その領域を極めようとする，型を破り自分の型を自分で作るタイプ，こんな人材が合格する研究計画書を作成できるのである。

2 従来型の受験対策では，国内MBAには合格できない

このような型を破り自分の型は自分で作るタイプが求められる国内MBA入試なのだが，この考えは，受験業界や受験生に浸透していない。その理由は，日本の教育では，先生の言うことを忠実に実行して，知識や経験として蓄積することを目的としてきたからである。先生の言うことを忠実に実行して，テストで良い点を取る。この教育スタイルが必要になるのは，未熟な人に対してである。小学生や中学生などは，社会を生きていく上での知識や経験がない。そういった人たちに対して，画一的な教育を施し，生きていくための基礎を教え込むのである。このような未熟な段階の人間に対する教育としては，先生の言うことに忠実に従い，テストで良い点を取ることが必要になる。

しかし，国内MBAは社会人が対象である。人生での経験も小学生や中学生とは比較にならないくらい積んでいる。国内MBAというのは，より高度な教育がおこなわれる場である。このような高度な教育の場においては，先生の言うことに忠実に従い，画一的なテストで良い点を取る必要性は低い。そうではなく，経験や知識を持つものとしての創造性やオリジナリティが求められているのである。繰り返しになるが，国内MBAで求められる人材とは，端的にいうと，大学教授が興味を抱くような稀少な経験を持ち，その経験をもとに学術的な研究に昇華させることができる独創性を持った人材，もしくは，そのポテンシャルを感じさせる人材なのである。

先生の言うことに忠実に従い，テストで良い点を取る勉強は，やらされている勉強である。国内MBAでの研究は，やらされているのではない。内発的動機付けに裏打ちされた，内面からこみ上げるやる気が研究をする源泉になっているのである。

3 純粋に研究したいという「内発的動機付け」が重要

研究計画書に書く研究テーマは，自分が「知りたいこと」である。仕事上で自分が疑問に思ったことや書籍を読んでも解決しないこと。それが研究テーマである。自分が知りたいことだから，研究に夢中になれる。夢中になれることは，どんなに労力を費やしても苦にはならない。そんな純粋な想いが，国内MBAに合格するためには必要になる。まさに自分の内面からこみ上げてくるやる気や探求心が，研究に対する情熱の源泉になっている状態である。こういった内発的動機付けがあるかどうかが合否を分ける要因である。内発的な動機付けがエンジンとなり，作成された研究計画書には魂が宿る。魂が宿った研究計画書は，大学教授を説得するだけのパワーを持つ。入試に必要だからやらされる感覚で研究テーマを決めて，研究計画書を作成したという場合は，魂が宿っていないので不合格になる可能性が高い。残念ながら，そういう受験生は多くいる。

筆者の受験指導経験を踏まえると，合格している方は，次に述べるようなプロセスを経て，自分の研究テーマを見出している。

日々仕事をしている中で，純粋に「なぜ？」と思ったことが，自分の知りたいことであり，研究テーマの出発点である。「なぜ？」と思ったら，当然のことながら調査をする。その調査は，人に聞くという形かもしれないし，本や学術論文を読むという形かもしれない。人に聞くなり，本や学術論文を読むなりして解決するならば，それで終わりである。ただ，人に聞いても，本や学術論文を読んでも解決しない疑問がある場合には，それが研究テーマになる可能性が高い。ある人から意見を聞いても，「あの人の意見は，○○という点で，私としては納得がいかない」というように，自分自身が納得できない疑問がある。また，ある本を読んで学んでも，「あの本に書いてあることは，確かに納得できる部分もあるけれど，○○という点で自分としては納得ができない」という場合もある。このように，いろいろ調査していけばいくほど，自分の疑問点や「知りたい」という気持ちが強くなるようなことが見つかったならば，それが研究テーマとして最適といえる。これだけ調査しても，疑問が残っているということは，その疑問というのは，あまり一般的なものではない可能性が高い。要するに，自分のオリジナリティや独創性の高い疑問，すなわち研究テーマになる可能性が高いのである。

あることがきっかけで「なぜ？」と思ったことが，いろいろな調査を経て，どんどん疑問が大きくなり，自分の興味や関心が増幅していくような現象が起きる。こういった現象が起きるのは，徹底的な調査をした後である。単に疑問を思いついても，自分なりの調査をしなければ，それは研究テーマには昇華されない。まずは自分なりに徹底的な調査をする。それでもなお疑問が解決しなければ，それが研究テーマなのである。

このようにして創造的でオリジナリティの高い研究テーマは見つけることができる。合格する研究計画書を書くためには，労を惜しんではいけない。徹底的な調査をする必要がある。ただ，この労力は，自分が純粋に「知りたい」と思うことを探求することであり，内発的動機付けに基づいたものであるので，苦痛なものではないし，ストレスを感じるものでもない。楽しく夢のある労力なのである。

4 不合格になる人の特徴

筆者が受験指導をしていて不合格になる人に共通する特徴がいくつかあるので，それを紹介したいと思う。結論をいうと，先に説明したとおり，内発的動機付けがない人である。純粋に研究したいという気持ちがない方である。

内発的動機付けがない人の特徴としては，先に研究テーマを見つけるプロセス部分で説明した労力をかけない人である。例えば，MBA に在籍する先輩に，教授が気に入りそうな研究テーマを聞き出して，それを研究テーマとして研究計画書を作成するような方である。大学教授に気に入られようとする気持ちは理解できるが，先に説明したとおり，国内 MBA では「型を守る」タイプよりも「型を破る」タイプが求められているため，大学側に迎合しようとするタイプは不合格になる。

他には，合格者の研究計画書の実例集のような本を読んで，そこに掲載されている実例を真似て研究計画書を作成するような方である。合格者の実例は，あくまでもその合格者の方の研究テーマである。自分の知りたいことではない。その合格者の知りたいことである。真似をして書くということは，自分には研究したいことはない，といっているのと同じである。合格者の実例を真似している方は，内発的動機付けがないので，研究計画書自体に魂がこもっていないのである。魂のこもっていない研究計画書では，大学教授を説得することはできないのである。筆者も合格者の研究計画書の実例集を執筆しているが，これは真似するようにという意味ではなく，合格する研究計画書のレベル感を把握してほしいという意味である。すぐにでも修士論文作成に着手できる精緻な研究計画が求められているのか，そうでなくあくまでも入学前の現時点での計画レベルでいいのか。この点を皆さんにお伝えしたいという主旨で執筆しているのである。

以上，国内 MBA 入試で合否を決める研究計画書を作成するにあたっての心構え，そして，研究計画書作成にあたってのモチベーションの源泉について説明してきた。ここに書いた内発的動機付けがない方は，まずは自分の研究に対する内発的動機付けを高めるために，研究とはどんなものなのか，という点を理解していただきたい。そのために，アカデミックな書籍や学術論文を読んでみることをお勧めする。その際の推薦図書は，第1章でも述べたが，以下の2冊である。

- 入山章栄（2019）『世界標準の経営理論』ダイヤモンド社
- 須田敏子（2019）『マネジメント研究への招待—研究方法の種類と選択—』中央経済社

第6章

国内MBAでの学びで，誰でも特定の分野の第一人者になれる

筆者の国内MBAでの学びの経験からいえることは，「誰でも特定の分野の第一人者になれる」ということである。組織論の第一人者とか，マーケティングの第一人者といった広い領域の第一人者になることは難しい。大学教授や実務家など多くの実績ある方々がいる中で，国内MBAを修了しただけの人間が，組織論などの広い分野での第一人者になることなどとうていできない。ただ，後で詳しく説明するが，組織論の中でも，ある特定の狭い研究領域における第一人者であれば，国内MBAを修了しただけの人間でもなれる可能性はあるのである。

非常に狭い領域の第一人者とはいえ，単に国内MBAでの学びだけで，第一人者になるには相当な努力や労力が必要となる。その努力や労力を投入するだけの自分なりの動機付けが必要になる。狭い分野とはいえ，何のために第一人者になるのか。自分を説得するだけの根拠が必要になる。そうでなければ，努力をしたり労力を投入したりはできない。筆者の考えではあるが，非常に狭い領域とはいえ，その分野の第一人者になることは，自分が大切にしたいと考えていることを守り続けるパワーを与えてくれるのである。例えば，自分が大切にしたいと考えていることとして，「地球環境に悪影響を与えることを絶対にしない」という行動指針があるとする。ただ，サラリーマンとして働いていて，

会社が製造しているものがプラスチック製品で地球環境に良い影響を与えていないというケースがあったとする。この場合は，自分が大切にしている行動指針を守るためには，その会社を退職して，地球環境に悪影響を与えることがない製品を製造している会社に転職しなければならない。論理的にはそのとおりだが，そう簡単には転職できないし，できたとしても給与などの条件面で折り合いがつくかどうかはわからない。そうなると，転職はあきらめて，自分が大切にしている行動指針を修正するほうを選ぶかもしれない。このように現実の社会では，自分が大切にしているものを守り続けることができない場合も多々ある。妥協することに慣れてしまっているサラリーマンが日本には多く存在しているように筆者の目には映る。

しかし，妥協することなく自分が大切にしていることを守り続け，自分の人生を有意義にするために，非常に狭い領域とはいえ，その分野の第一人者になる必要がある。狭い領域とはいえ，その分野の第一人者になると，営業しなくても，就職活動などしなくても，自然に仕事の依頼が来るようになる。たくさんの依頼が来れば，その中から自分の生き方に最も合致する仕事だけ引き受けて，後は断ればいい。これができれば自分が大切にしていることを守り続けることができるのである。例えば，以下のような形である。

- 時間に縛られたくなければ，時間に自由な仕事だけ引き受ける
- お金を稼ぎたいのであれば，高額な案件だけを引き受ける
- できるだけ働く時間は短時間にして，趣味の時間を持ちたいと考えるなら，短時間で済む仕事だけを引き受ける
- リゾート地で優雅な日々を過ごしたいのなら，リモートワークだけで高収入が得られる仕事だけを引き受ける

狭い領域とはいえ，その分野の第一人者になると，上記のような自分が大切にしたいことを守る生き方ができるのである。

1　自分にとって最も大切にしたいことは何か

あなたにとって最も大切なことは何か，と問われて回答できるだろうか。匿名掲示板「2ちゃんねる」開設者である西村博之（ひろゆき）さんの著書『1％の努力』（ダイヤモンド社）の中に，「この壺は満杯か？」という面白い話があったので，ここで紹介する。筆者は知らなかったが，「この壺は満杯か？」の話は，ネット上で有名な話らしい。興味のある方は，ネットで調べてみていただきたい。以下，ひろゆき氏の著書『1％の努力』からの引用である。

> ある大学で，こんな授業があったという。
> 「クイズの時間だ」
> 教授は，そう言って，大きな壺を取り出し教壇に置いた。その壺に，教授は一つ一つ岩を詰めた。壺がいっぱいになるまで岩を詰めて，教授は学生に聞いた。
> 「この壺は満杯か？」
> 教室中の学生が，「はい」と答えた。
> 「本当に？」
> そう言いながら教授は，教壇の下からバケツいっぱいの砂利を取り出した。
> そして，砂利を壺の中に流し込み，壺を振りながら，岩と岩の間を砂利で埋めていった。そして，もう一度聞いた。
> 「この壺は満杯か？」
> 学生は答えられない。一人の学生が，「たぶん違うだろう」と答えた。
> 教授は，「そうだ」と笑い，教壇の下から，砂の入ったバケツを取り出した。それを岩と砂利の隙間に流し込んだ後，三度目の質問を投げかけた。
> 「この壺は満杯になったか？」
> 学生は声を揃えて，「いや」と答えた。

するとと教授は水差しを取り出し，壺の縁まで水を注いだ。教授は学生に最後の質問を投げかける。
「僕が何を言いたいのかがわかるだろうか？」
一人の学生が手を挙げた。
「どんなにスケジュールが厳しい時でも，最大限の努力をすれば，いつでも予定を詰め込むことは可能だということです」
これに対して，「それは違う」と教授が答える。
続けて教授は言った。「重要なポイントはそこではないんだよ。この例が私たちに示してくれる真実は，大きな岩を先に入れない限り，それが入る余地は，その後二度とないということなんだ」
君たちの人生にとって，「大きな岩」とは何だろう，と教授は話を始める。
それは，仕事であったり，志であったり，愛する人であったり，家庭であったり，自分の夢であったり…。
ここでいう「大きな岩」とは，君たちにとって一番大切なものだ。それを最初に壺に入れなさい。さもないと，君たちはそれを永遠に失うことになる。もし，君たちが小さな砂利や砂，つまり，自分にとって重要性の低いものから壺を満たしていけば，君たちの人生は重要ではない「何か」で満たされたものになるだろう。そして，大きな岩，つまり自分にとって一番大切なものに割く時間を失い，その結果，それ自体を失うだろう。

いかが思われただろうか。筆者は，この話を読んで，思わず納得してしまったので，ここで取り上げてみた。自分の人生にとって，最も大切なことは何か，一度じっくり考えておくべきである。国内 MBA を目指したこの機会に，ぜひ考えてみていただきたい。「自分にとっての『大きな岩』は何なのだろうか？」ということを。

筆者にとっての「大きな岩」は，「ファッション」と「サプライズ」である。1つだけ挙げるといわれたならば，「ファッション」である。

ファッションというのは，オシャレをすることである。服，アクセサリー，シューズ，バッグ，小物などオシャレ全般が大好きである。それもパリコレやミラノコレクションなどコレクション・ブランドが大好きである。バブル世代にありがちなモード系のファッション好きである。この筆者のファッション好きな様子は，本書の著者紹介等の筆者の写真を見ていただければ理解していただけると思う。モード系のファッション好きな人は筆者以外にも当然いると思うが，筆者の場合，モード系のファッション以外は着たくないのである。ビジネスにおいても，普通のスーツを着ることは絶対にない。大企業の偉い人との打ち合わせでスーツを着る場合でも，Dior homme やドルガバの極端に細身のスーツを着て，アクセサリーをジャラジャラつけている。このスタイルを崩すならば，死んだほうがマシと考えている。そのくらいファッションは筆者にとって大切なことである。

もう1つ大切にしていること，それが「サプライズ」である。人をビックリさせることが好きであり，何かをする際には，常にサプライズを考えている。モード系のファッションにこだわるのもサプライズを生み出すためであるともいえる。MBA を修了して，学会で論文発表をして，教育系の仕事をしている人とは思えないファッションやビジュアルであることを常に心がけている。本書の著者紹介写真を見て，誰もこの人を MBA ホルダーとは思わないのではないだろうか。見た目とやっている仕事に大きなギャップがあり，そのギャップがサプライズを生み出すことを意図的に狙っているのである。

この筆者が大切にしていることを守るために，筆者は，次項で説明するように，ある特定の狭い研究領域における第一人者になるべく，早稲田大学大学院経営管理研究科の東出浩教教授のもとでアカデミックな研究に取り組んだ。

2 国内 MBA での研究で，その分野の第一人者になる

MBA というとケース・メソッドで事例をもとにディスカッションをおこなう形で学ぶという認識をお持ちの方が多いのだが，国内 MBA ではケース・メソッドでディスカッションをおこなうことと同程度にアカデミックな研究を重視している。その理由は，本書の第１章で説明したが，優れた経営技術を抽象度が高い論理モデルに昇華させるためのスキルが修士論文作成によって身につくからである。

筆者は早稲田大学大学院経営管理研究科で１年次から先行研究を読み込み，２年生の最初にはすでに研究テーマが決まっていた。国内 MBA での研究は１次データの取得が課せられる大学院が多いが，筆者も１次データを取得して，取得したデータは SPSS というソフトウエアを用いて統計解析をして分析した。筆者の研究生活は，国内 MBA 修了後も続いた。学会発表や学会誌掲載のために，論文作成を続けたのである。

このように筆者の MBA 生活は，ケース・スタディというよりも，アカデミックな研究論文を書くための２年間であった。その研究のおかげで，筆者は組織行動学のある狭い分野ではあるが，抽象度が高い論理モデルの構築に成功した。筆者が研究した領域において，日本で論理モデルの構築をしている研究者が他にはいなかったので，その分野の第一人者になることができた。どんな分野の第一人者になったのか，以下に説明する。

筆者が研究対象としたのは，２つあり，１つ目は第３章の問題５の解説で説明した「Person-Organization Fit（個人－組織適合）以下，P-O fit」であり，２つ目は「Motivating Language（動機付け言語）以下，ML」である。P-O fit は第３章の問題５で説明したとおり，人と組織の価値観が一致しているかどうかを測定して，人と組織の適合度を診断する研究であり，ML は人を動機付けるには，どんな言葉を使うべきかを理論化したものである。P-O fit にしろ，ML にしろ，欧米ではさかんに研究されている分野であるが，日本ではこれらの研究をおこなっている研究者は見当たらなかった。そのため先行研究も

すべて英語のjournalと呼ばれる学術論文を読み，自分なりの仮説を立てて，その仮説を収集したデータで検証した。その研究成果を先に説明したとおり，学会で発表し，学会誌に掲載した。

筆者が研究をしていた2002年当時の日本では，P-O fitもMLも研究している日本人研究者はいなかった。日本では，誰も研究していない分野で，抽象度が高い論理モデル構築をしたということで，日本ではP-O fitとMLは筆者が第一人者ということになると勝手に解釈している。

このように社会科学の研究というのは，世界に目を向けると，まだまだ日本では研究が進んでいない分野というのは数多く存在する。第１章で説明したとおり，現在はアメリカの経営学が覇権を握っており，アメリカ経営学という点から見ると，日本の経営学，すなわち論理モデル構築実績というのは世界的に見て大きく遅れている。そこに目をつけて，世界では研究が進んでいるが，日本ではまだ誰も研究していない分野を見つける。そして，その分野を極める。そうすれば，狭い分野ではあるが，その分野の第一人者になれるのである。

実際，筆者が研究したP-O fitやMLは誰も研究している人がいなかったため，筆者に仕事の依頼が来るようになった。本の執筆のきっかけになったのも，この研究のおかげである。2003年の早稲田大学大学院経営管理研究科修了時は本の執筆依頼などは来ることはなかったが，今ではさまざまな出版社から本の執筆依頼が来るようになった。企業研修や講演なども，早稲田大学大学院経営管理研究科修了時は依頼が来ることなど皆無だったが，今は何もしなくても依頼が来るようになり，先に述べたとおり，自分の大切なことを守ることができる仕事だけを選んでいる。自分の大切なものを捨てなければできない仕事はすべてお断りしている。

海外ではすでに研究されているが，日本では研究されていないことを見つけて，それを極めるというこの考えは，タピオカティーをいち早く日本に持ち込んで流行らせるという考えと同じである。タピオカティーの発祥の地は台湾であるが，現在では日本や他の東南アジア，欧米諸国などでも広く親しまれている。タピオカにいち早く注目した人は大儲けできたはずである。この海外で流行っているものを日本にいち早く持ち込むという考えが，社会科学の研究には非常にフィットするのである。これから国内MBAに進学される方は，この考え方を用いて，海外ではさかんに研究されているが，日本では誰も研究していない分野を見つけて，その分野を極めていただきたい。そして，その研究成果を学会で発表したり，学会誌に掲載するなりして，社会に広めていただきたい。それが社会で認識されると，自然に仕事の依頼が来るようになる。そして，たくさんの仕事の依頼が来るようになったならば，自分の大切なことを守ることができる仕事だけを選び，自分の大切なものを捨てなければできない仕事はすべてお断りするようにすればいい。そうすればハッピーな人生になる。

国内MBAで学ぶ抽象化された論理モデル構築スキルは，人生を大きく変える可能性を秘めている。皆さんには，ぜひ国内MBAに進学したら，ケース・スタディだけに没頭するのではなく，現場の経営技術を抽象化した論理モデルに変換するスキルを修士論文作成を通して身につけていただきたい。

3 マジョリティに従う必要はない

日本では，周りに溶け込んで目立たないことが良いことかのような風潮がある。マジョリティ（大多数）に従っていればいいと考える人が多いのだ。しかし，今まで説明してきたとおり，自分の人生において最も大切なものを守るためには，他の人がしたことがないことを見つけて自分がそれをおこなう必要がある。すなわち，人と違うことをする必要があるのである。人と違うことをするには，前提としてマジョリティに属していることで安心するような思考特性ではダメである。この点に関して，ホスト界の帝王と呼ばれているローランドさんの著書に面白い言葉が掲載されていたので紹介する。

「100人が100人ダメと言っても，その100人全員が間違っているかもしれないじゃないか」

そのとおりである。多ければ正しくて，少なければ間違っている。こんな考えで生きている限り，自分の大切なことを守ることはできない。筆者は，このローランドさんの言葉が心から納得できる経験をしている。

筆者が国内MBA受験予備校であるウインドミル・エデュケイションズ株式会社を開始した時に，本書に掲載したようなモード系のファッションに身を包み，アクセサリーをジャラジャラつけて，まるでアーティストのようなビジュアルで講義をしていた。創業当時から，このスタイルであった。まだ筆者も国内MBA受験予備校業界の第一人者といわれる前の時代であったこともあり，「あれはおかしい」と批判された。外見だけでなく，教育内容も「ウインドミルは受験のテクニックだけを教えている」と同業者から批判された。こんなことを言われ続けた中で，筆者は「彼らが言っていることは間違っている」と心の中で常に言い聞かせてきた。そして，自分がやっていることはおかしくないということを証明してやる，と毎日心の中で言い聞かせてきた。結果，筆者の言っていることややっていることは間違っていないことが証明できた。ある意味，社会の常識を変えたとも思っている。以下も，ローランドさんの言葉である。心から共感できたので，皆さんに紹介して，本章の締め括りとする。

「もし100人全員にできないと言われても，その100人全員が間違っていたと証明してやる」

読者の皆さんが，国内MBAに合格し，ハッピーな人生を送ることを願っている。

特別インタビュー②

一橋大学大学院経営管理研究科
（経営分析プログラム）在学中
宇野 栄祐さんに聞く

「やりたいことができる人材を目指して」
新卒で国内 MBA に進学！

飯野：本日は，新卒で一橋大学大学院経営管理研究科（経営分析プログラム）（以下，HUB）に進学した宇野さんをお招きして，受験対策から在学中の状況，そして修了後のキャリア計画などについてお話を伺おうと思います。よろしくお願いします。

宇野：よろしくお願いします。

国内 MBA を目指した理由

飯野：最初に，宇野さんが MBA を目指した理由についてお話しください。

宇野：私は大学で 4 年間学んだ経営知識をより深く学ぶために MBA を志望しました。深く経営を学びたいと思った背景には 2 つのことがあります。1 つは，大学でおこなっていたダイバーシティの研究を実用化できるレベルまで発展させたいと考えたことです。もう 1 つは，後述しますが，自身の将来のためです。簡単に言えば，自分が社会にインパクトを与えられる人材になるためには，知識，思考力，実務能力などの広義の仕事力が必要だと考え，それらを最も高い水準で成長させられる環境が MBA だったのです。

飯野：そうですね。実務に直結した形で経営学を学んで社会にインパクトを与えるにはMBAは最適な学びの場ですよね。私も早稲田大学ビジネススクール（以下，WBS）を卒業していますが，WBSでの学びがなければ，今のように社会にインパクトを与えるようなことができていなかったと思います。宇野さんもぜひがんばってください。

受験対策

[英語]

飯野：では，次に受験対策についてお聞きします。HUBの入試は，英語，小論文，研究計画書，面接が課されていますので，それぞれについてお聞きしていこうと思います。まずは，英語の対策はどのようにしましたか。

宇野：海外の雑誌の記事を読んでいました。読む過程で単語力や文法知識の不足を感じたら，その都度，参考書を読んで知識を補強しました。英文を読む力が身につく上に時事的な知識も習得できるので，充実感の高い学習法でした。

飯野：英語の試験の手ごたえはどうでしたか。

宇野：試験問題自体が簡単だったので手応えは9割以上でした。ハーバードの経営系の論文の抜粋が出題されましたが，日頃読んでいる記事のほうが難読でした。

飯野：そうですね。近年のHUBの英語の筆記試験は比較的簡単な問題が出題されていますので，宇野さんなら簡単に解答できましたよね。

[小論文]

飯野：次は小論文についてお聞きします。小論文の対策はどのようにしましたか。

宇野：小論文，研究計画書，面接の対策は，受験予備校であるアガルートアカデミーを利用しました。小論文を書くためには，経営知識と論述力の2つの力が必要になります。経営知識は大学時代に培ったものに，アガルートアカデミーの飯野講師の講義で肉付けしていく形で学びました。論述力に関しても飯野講師の講義を参考にし，自身で実際に問題演習を行う形で養成しました。

飯野：小論文の試験の手ごたえはどうでしたか。

宇野：本試験では知識を問われる問題ではなく，論述力を試される問題が出題されました。問題文から必要な情報を抽出し，それをもとに仮説を立てて解答を作成するというMBA的な思考の基本的な作業をおこなう問題でしたが，内容的にはハイレベルなことを要求しているなと感じました。アガルートアカデミーでの問題演習をおこなったことが活きた実感があり，7～8割は得点できた印象です。

[研究計画書]

飯野：研究計画書の対策はいつごろからどのように進めましたか。

宇野：研究テーマの設定に多くの時間を使いました。MBA受験を決意した5月ごろから日頃生活する中で興味の湧くことや疑問に思うことをメモするようにし，時事問題を経営学の目線で捉え面白いテーマを探しました。最終的な研究テーマは，自身が大学で取り扱っていたダイバーシティに関することになりましたが，上記の準備期間は有意義な時間だったと思います。テーマが決まった後はテーマに関係する先行研究の論文を大量に読み，最先端の研究でどう取り扱われているのかを学びました。その中でより深い問題設定をおこない，仮説を設定しました。それを書類に落とし込んで完成させました。

[面接]

飯野：面接対策はどのようにしましたか。

宇野：特別な面接対策は前日に飯野講師に模擬面接をおこなっていただいただけです。自身がなぜMBAに入りたいのか，自分の価値は何であるのかといった簡単な内容を考えてから模擬面接には臨みました。

飯野：実際，本番の面接を受けて感触はどうでしたか。

宇野：率直に言うと，手ごたえはまったくなかったです。面接官は常に冷たい印象で，私の受け答えに対するリアクションも薄いものでした。MBA で何を学びたいのか，何が自身にとっての価値なのか質問されました。また，大学時代の研究内容についても深く質問され，社会人を差し置いて学生をとるからには相応の努力をおこなっている学生でないといけないという気迫を感じました。

飯野：合格の決め手は何だったと思いますか。

宇野：面接が決め手になったようには思えないので，おそらく筆記試験の出来と，研究計画が評価されたのではないかと思います。どちらも自分なりに出来の良いものを提出できたと考えています。

飯野：そうですね。HUB は筆記試験と研究計画書が重要ですよね。中でも，研究計画書はかなり重要だと思います。これから受験される方も，宇野さんのように研究計画書に力を入れて準備するといいと思います。

MBA に入学してよかったこと

飯野：MBA に入学してよかったと感じている点は何ですか。

宇野：授業のレベルの高さと，学友の素晴らしさの 2 点が特に MBA に入学してよかったと思える点です。2 点とも誰もが思いつきそうな点ではありますが，実際に体験してみると本当に素晴らしいです。授業に関しては，どの授業でも一流の教授が教鞭を取ってくださり，有用な能力が身につくカリキュラムを組んでくださっています。社会人，新卒，留学生関係なくみんなで交流が図られ，研鑽を積んだり，時には遊びに行ったりもします。10歳上，20歳上の社会人の方とお話しさせていただくと，毎回多くの学びがあります。

最も興味深かった授業

飯野：今まで受けた中で最も興味深かった授業は何ですか。

宇野：大学にはないような，多大な努力を必要とするグループワークの授業はどれも興味深いです。与えられた具体的な課題としては，「自由な資金を持って企業買収を行い，利益を上げるならどの企業が良いか」，「組織改革をおこなった企業に実際にアプローチを取って成功，失敗の要因を策定せよ」，「A社（具体的な企業名）の社員様とともに新規事業を策定し，経営陣に実際にプレゼンテーションせよ」などです。どの授業でもハイレベルな課題を与えられ，かつ質の高いアウトプットが求められました。バックボーンの違う同級生たちとお互いの知見を活かし合いながら，これらの課題に真剣に取り組む時間は自分の糧（かて）になったと感じています。

飯野：そうでうか。それは貴重な経験をしましたね。これこそMBAならではの学びですね。

▶MBA修了後のキャリア計画

飯野：では最後に，宇野さんのMBA修了後のキャリア計画についてお話しください。

宇野：私は「やりたいことのできる人材になること」を当面の目標として生きています。大学院，就職活動，さまざまな場で社会人の方とお話をさせていただく中で，ほとんどの方が新卒の時点での人生目標は年齢とともに大きく変わっていらっしゃいました。それはワークにおける目標においても，ライフにおける目標においてもです。

　私は，今後自分に「やりたいこと」ができた場合に，自分の力で道を切り開いていける人物になりたいと考えています。それは社会課題の解決であったり，自身の興味がある業界の問題解決であったりすると思います。よって，汎用的な価値創造能力が自分には必要だと感じており，同時にMBAで過ごす時間は自分の目標に対して重要な期間であると認識しています。

　話を具体的なところに戻しますと，現在の自分のやりたいことは出版業界にあります。多くの面白い作品がありながらファストコンテンツとして消費されているものが多く，また，ターゲットボリュームをさらに拡大させる潜在的な成長力もあるのに活かしきれていないという問題意識を持っています。さらに，無料で楽しめるコンテンツが増えていることもあり，エンターテインメントのダンピングが起きているのでないかという懸念も抱いているところです。いずれにしても，私自身は，コンテンツの面白さを広めつつ，長く愛される作品を作ることができればと思っており，その思いが実現できるようなキャリア設計を目指しています。

しかし，はじめに述べたように，人生における目標というのは経験とともに増えてくるものであり，大切なのは「目標が出来た際に突き進める力」であるとも考えています。自分が出版業界の問題を解決したいと感じても，「編集者としての出版物への理解」，「実際に問題解決をおこなう開発力」など必要な能力はさまざまです。もちろん，すべてを個人で補う必要はないと考えますが，ステークホルダーを巻き込んでうまく事業をスケールさせるには，起点となる自分自身に熱意と一定の能力が必要なこともまた真実であると考えています。

今後も大学院で学ぶ中で，また，社会人となり働く中で，自身の能力を磨いていきたいと考えています。

飯野：宇野さんが出版業界で，事業をスケールさせる起点になるような人材になることを願っています。本日は，お忙しい中，インタビューにご協力いただきありがとうございました。このインタビューが，新卒でMBAに進学を考える大学生の皆さんの参考になれば幸いです。

宇野：こちらこそ，ありがとうございました。

【参考文献】

- 青木幸弘，新倉貴士，佐々木壮太郎，松下光司（2012）『消費者行動論―マーケティングとブランド構築への応用―』有斐閣アルマ
- 飯田史彦（1995）「企業文化とは何か：企業文化を描写する９つの概念」梅澤正，上野征洋編『企業文化論を学ぶ人のために』世界思想社，所収
- 飯野一，片山良宏，尾形英之，釜池聡太（2011）『国内MBA受験　小論文対策講義』中央経済社
- 池尾恭一，青木幸弘（2010）『日本型マーケティングの新展開』有斐閣
- 伊丹敬之，加護野忠男（2003）『ゼミナール経営学入門』日本経済新聞出版社
- 入山章栄（2019）『世界標準の経営理論』ダイヤモンド社
- 岩尾俊兵（2021）『日本“式”経営の逆襲』日本経済新聞出版
- 柏木仁（2016）『キャリア論研究』文眞堂
- M. E. ポーター（1995）『新訂 競争の戦略』ダイヤモンド社
- クレイトン・クリステンセン，ジェフリー・ダイアー，ハル・グレガーセン（2012）『イノベーションのDNA―破壊的イノベータ５つのスキル―』翔泳社
- 桑田耕太郎，田尾雅夫（2010）『組織論〈補訂版〉』有斐閣アルマ
- 須田敏子（2015）『「日本型」戦略の変化―経営戦略と人事戦略の補完性から探る―』東洋経済新報社
- 須田敏子（2019）『マネジメント研究への招待―研究方法の種類と選択―』中央経済社
- 内閣府（2020）『令和２年版　経済財政白書』日経印刷
- 沼上幹（2009）『経営戦略の思考法―時間展開・相互作用・ダイナミクス―』日本経済新聞出版社
- 日本政策金融公庫総合研究所（2015）「中小地場スーパーの生き残りをかけた取り組み～地域の「要」として愛され続ける中小企業の経営戦略とは～」日本公庫総研レポート　No. 2015-5
- フィリップ・コトラー，ヘルマワン・カルタジャヤ，イワン・セティアワン，恩蔵

直人監訳（2017）『コトラーのマーケティング4.0─スマートフォン時代の究極法則─』朝日新聞出版
- 二村敏子（2004）『現代ミクロ組織論─その発展と課題─』有斐閣ブックス
- ひろゆき（2020）『１％の努力』ダイヤモンド社
- 堀江貴文（2021）『やりきる力』学研プラス
- 三品和弘，三品ゼミ（2013）『リ・インベンション─概念のブレークスルーをどう生み出すか─』東洋経済新報社
- 森本三男（2006）『現代経営組織論〈第三版〉』学文社
- 吉田悟（2007）「ワーク・ファミリー・コンフリクト理論の検証」，『人間科学研究』文教大学人間科学部　第29号
- 早稲田大学校友会ベンチャー稲門会編，東出浩教編著（2018）『ガゼル企業　成長の法則』中央経済社
- Bennett, J. F., Davidson, M. J. and Gale, A. W. (1999), "Women in construction: A comparative investigation into the expectations and experiences of female and male construction undergraduates and employees," *Women in Management Review*, 14(7), 273-291.
- Cable, D. M, and Parsons, C. K. (2001), "Socialization tactics and person-organization fit." *Personnel Psychology*, 54, 1-23.
- Cartwright, S. and C. L. Cooper (1993), "The Role of Culture Compatibility in Successful Organizational Marriage," *The Academy of Management Executive*, 7-2.
- Daft, R. L. (1992), *Organization Theory and Design*, 4th ed., West Publishing, p. 164.
- Greenhaus, J. H., and Beutell, N. J. (1985), "Sources of Conflict between Work and Family Roles," *The Academy of Management Review*, 10, 76-88.
- Latham, G. P. (2007), Work Motivation, Sage Publication, Inc.（金井壽宏監訳『ワーク・モティベーション』NTT 出版，2009年）
- Maanen, J. V. (1978), "People Processing: Strategies of Organizational

Socialization," *Organizational Dynamics*, 7(1), pp. 19-36.

• O'Reilly, C. A., Chatman, J., and Caldwell, D. F. (1991), "People and Organizational Culture: A Profile Comparison Approach to Assessing Person-Organization Fit", *The Academy of Management Journal*, 34(3), 487-516.

• O'Reilly, C. A. and Tushman, M. L. (2008), "Ambidexterity as a Dynamic Capability; Resolving the Innovator's Dilemma", *Research in Organizational Behavior*, 28：185-206.

• Popper, K. R. (1959), *The Logic of Scientific Discovery*, Hutchinson (大内義一, 森博訳『科学的発見の論理』恒星社厚生閣, 1971年)

• Robbins, S. P. (2005), *Essentials of Organizational Behavior, 8th edition*. Prentice Hall (髙木晴夫訳『新版 組織行動のマネジメント』ダイヤモンド社, 2009年)

• ROLAND (2019)『俺か, 俺以外か。ローランドという生き方』KADOKAWA

• Teece, D. J. (2007). "Explication Dynamic Capabilities: The Nature and Microfoundations of (Sustainable) Enterprise Performance", *Strategic Management Journal*, 28(13)：1319-1350.

• Thompson, C. A., Beauvais, L. L., and Lyness, K. S. (1999), "When work-family benefits are not enough: The influence of work-family culture on benefits utilization, organizational attachment, and work-family conflict, "*Journal of Vocational Behavior*, 54(3), 392-415.

エピローグ

「プロローグ」で，アメリカ型資本主義によるグローバリゼーションが地球環境問題などを引き起こしたと述べた。その反動からか，行き過ぎた資本主義への反発ともいえる行動が世界各国で見られるようになっている。2001年にアメリカで起きた同時多発テロは，イスラム世界のアメリカへの反発である。2016年には，イギリスのEU離脱が決定し，域内市場における人，物，サービスおよび資本の自由な移動に制限がかかる形となった。同年には，アメリカで自国優先，保護主義的な政策を掲げるトランプ大統領が当選するという事態になった。そして，アメリカ，中国という世界の貿易大国が，それぞれ保護主義的な動きを強め，米中貿易摩擦が世界的な影響を及ぼすようになり，米中貿易戦争とまで呼ばれる事態となってしまった。アメリカが中国製品に関税をかけると，中国もアメリカ製品に関税をかける。それに対抗して，アメリカはさらに関税をかける製品の幅を広げ，中国も同様の行動を取る，というお互いの報復合戦が繰り返されたのである。前代未聞の報復合戦により世界経済は混乱期に突入したといえる状況になっている。

この米中貿易戦争は，第二次世界大戦後の米ソ冷戦のような軍事的な対立ではないが，新たな経済的な対立を引き起こしている。経済的な対立による戦争ということで，新冷戦とも呼べるような状況になっている。

このように過去にはなかったことが現実の問題として日々起きている。こんな状況下でも，グローバルに展開する企業の経営者は，会社の方針や戦略に関する意思決定を日々おこなわなければならない。これからの未来はVUCA時代と呼ばれ，不確実性も複雑性も変動性も高い時代である。そんな中で，自分の信念，ビジョン，そして企業経営に関する知識を持って，日々，経営に関する意思決定をおこなっていく必要がある。まさにMBAでの学びがものをいう時代に突入したといえる。VUCA時代の企業経営の舵取りを担う人材を国内

MBA からどんどん輩出したいと考えている。読者の皆さんは，そんな VUCA 時代の企業経営を担う貴重な経営人材なのである。

そんな貴重な経営人材である皆さんに最後に贈る言葉は，以下である。

自分のやりたいことを実現できる環境は，自分でつくるもの。
競争のルールを自分で決める生き方をする。

VUCA 時代には過去の常識は通用しなくなる。そのため，まずは自分の中にある既存の常識で構築された大きな壁を壊す必要がある。自分で自分の壁を壊すのである。そして，自分を解放して，自由になるのである。その自由な環境下で，既存の常識から解き放たれた思考を持って，さらには米中貿易戦争などのマクロ経済的な要因を読み取り，既存の競争のルールを変える。既存の常識から解き放たれた人には，大空を飛び回る鳥のような自由な行動，そして自由で大胆な発想が備わる。それをもとに，既存の競争のルールを壊し，新たなルールを自分で策定するような生き方をするのである。そんな生き方を実現できれば，VUCA 時代の経営者として，ビジネスマンとして社会に大きな貢献ができると同時に，その達成感ゆえに自分自身の人生の幸福度も格段に高まる。ぜひ，幸福度の高い生き方をしていただきたい。そんな想いをこめて，この言葉を贈った。

最後に，本書の関係者の皆さんにお礼を言いたい。1人目は，巻末のインタビューに協力してくれた一橋大学大学院経営管理研究科の宇野栄祐さんである。宇野さんは，筆者が講師を務めるアガルートアカデミーから一橋大学大学院経営管理研究科に進学した。個人的に親しくなったきっかけは，アガルートアカデミーで実施される合格者インタビューに宇野さんが登場してくれたことにある。その合格者インタビューの中に，「数ある予備校の中で，どうしてアガルートアカデミーを選んだのですか」という質問があった。その質問の回答に，宇野さんは，「飯野先生の見た目と話している内容にギャップがありすぎて，ギャップ萌えしました」と答えたのが印象的だった。宇野さんの回答を受けて，「そういう視点で予備校を選ぶんだ。じゃあ，もっと派手な演出をしよう」と筆者は心に決めて，その後はさらに派手さや演出的な要素を増やしていった。宇野さんは出版業界でイノベーションを起こしたいと考えているようだが，ぜひ実現していただきたいと願っている。宇野さんならできるはずである。

2人目は，巻頭インタビューにご協力いただくと同時に，本書の問題文として著書からの引用を許可してくれた早稲田大学ビジネススクールの東出浩教教授である。東出先生には日ごろからお世話になっており，この場を借りて感謝の意を表したい。中央経済社との出会いがなければ，ウインドミル・エデュケイションズ株式会社が軌道に乗ることはなかったが，東出先生との出会いがなければ，そもそも国内MBA受験予備校を創業することはなかった。東出ゼミで学んだリサーチ・メソッド（文脈依存の高い現場のノウハウを抽象度が高い論理モデル化する方法論）が武器になって，MBA修了後は自由に，そしてhappyに生きることができた。これからも東出ゼミで学んだ武器は変わることなく，筆者の財産となるはずである。東出先生には，これからも多くの早稲田大学ビジネススクールの学生に武器を授けていただきたい。また，本書の問題文として引用させていただいた書籍（『ガゼル企業　成長の法則』中央経済社）の著者の皆さん（東出ゼミのOB）に感謝している。

最後に，本書の出版機会を与えてくれた中央経済社の飯田宣彦さん，本当にありがとう！

2022年1月

飯野　一

【著者紹介】

飯野　一　HAJIME IINO

1967年３月２日生まれ，山梨県出身。血液型Ａ型。身長180㎝。早稲田大学大学院アジア太平洋研究科（現経営管理研究科：MBA）修了。起業家，国内 MBA 受験カリスマ講師。アガルートアカデミー講師。国内 MBA 受験指導のみならず，美容室，不動産運用の会社の役員，ブライダル事業の代表などさまざまな分野で活躍中。メディア掲載実績多数。本書が10冊目の著書となる。

［著書・共著書］

- 『国内 MBA 受験の小論文対策〈基礎知識マスター編〉』（2021年，中央経済社）
- 『国内 MBA 受験の面接対策―大学院のタイプ別 FAQ ―』（2021年，中央経済社）
- 『国内 MBA 受験　小論文対策講義』（2011年，中央経済社）
- 『修了生が本音で語る国内 MBA スクール白書』（2010年，中央経済社）
- 『行銷入門』（2008年，世茂出版有限公司）（台湾での出版）
- 『ウインドミル飯野の国内 MBA 無敵の合格戦略』（2005年，中央経済社）
- 『はじめての人のマーケティング入門―仕事にすぐ使える８つの理論』（2004年，かんき出版）
- 『国内 MBA 研究計画書の書き方―大学院別対策と合格実例集―』（2003年，中央経済社）
- 『国内 MBA スクールガイド』（2002年，東洋経済新報社）

［学術論文］

飯野一，東出浩教（2004）『上司の動機付け言語が部下の仕事満足，仕事の成果に及ぼす効果』Japan Ventures Review No. 5

国内 MBA 受験の小論文対策〈実践的合格答案作成編〉

2022年 3 月15日　第 1 版第 1 刷発行

著　者　飯　野　一
発行者　山　本　継
発行所　㈱中央経済社
発売元　㈱中央経済グループパブリッシング

〒101-0051　東京都千代田区神田神保町1-31-2
電　話　03(3293)3371（編集代表）
03(3293)3381（営業代表）
https://www.chuokeizai.co.jp
印刷／東光整版印刷㈱
製本／㈲井上製本所

ⓒ 2022
Printed in Japan

＊頁の「欠落」や「順序違い」などがありましたらお取り替えいたしますので発売元までご送付ください。（送料小社負担）

ISBN978-4-502-41361-2　C3034

JCOPY〈出版者著作権管理機構委託出版物〉本書を無断で複写複製（コピー）することは，著作権法上の例外を除き，禁じられています。本書をコピーされる場合は事前に出版者著作権管理機構（JCOPY）の許諾をうけてください。
JCOPY〈https://www.jcopy.or.jp　eメール：info@jcopy.or.jp〉

ベーシック＋プラス
Basic Plus

いま新しい時代を切り開く基礎力と応用力を兼ね備えた人材が求められています。
このシリーズは，各学問分野の基本的な知識や標準的な考え方を学ぶことにプラスして，一人ひとりが主体的に思考し，行動できるような「学び」をサポートしています。

ベーシック＋専用HP

教員向けサポート
も充実！

中央経済社